戴晨志 作・者・簡・介

西元1959年，生於台灣花蓮，成長於台南、嘉義、雲林、台中、台北等地。

◎學　歷：美國奧瑞崗大學口語傳播博士
(Dept. of Speech Communication)
美國威斯康辛州馬凱大學廣播電視碩士
國立藝專廣播電視科畢業

◎經　歷：世新大學口語傳播系創系主任
華視新聞部記者、編譯
「華視新聞雜誌」執行製作

◎現　任：自由作家

◎著　作：時報出版：

《你是說話高手嗎？》
《你是幽默高手嗎？》
《你是幽默高手嗎？❷》
《快樂高手》
《男女溝通高手》
《激勵高手》
《人際溝通高手》
《激勵高手❷》
《成功高手座右銘》
《新愛的教育》
《口才魅力高手》
《圓夢高手》
《新愛的教育❷》
《我心環遊世界》
《真愛溝通高手》
《不生氣，要爭氣！》
《天天超越自己》
《超幽默，不寂寞！》
《不看破，要突破！》
《有實力，最神氣！》
《讓愛飛進你的心》
《幽默智慧王》
《靠志氣，別靠運氣！》
《讓你成功的100個信念》

圓神出版：

《受用一生的智慧》
《你可以更傑出》
《成功戀愛學》

第一篇 說話溝通藝術——爭辯越多，思想越少

目錄

第二篇 幽默溝通技巧——妙趣橫生，引來笑聲

目錄

第三篇 口才自我訓練——勤找資料，勤下工夫

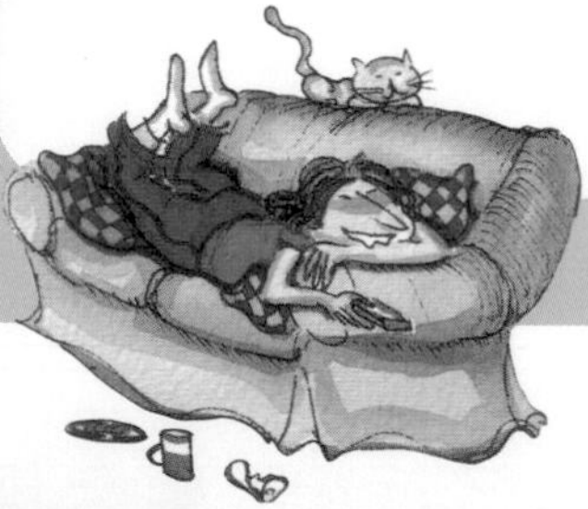

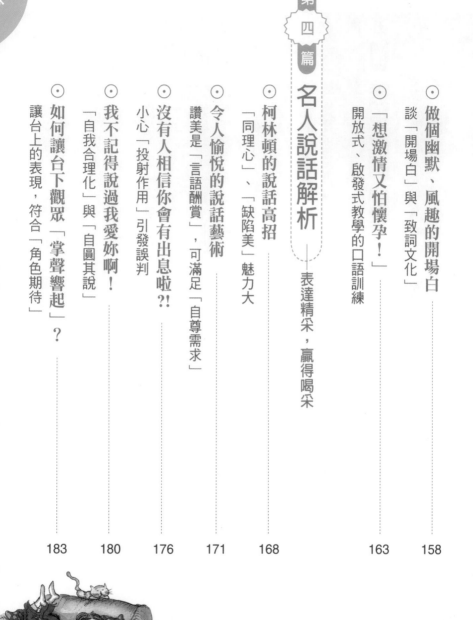

目錄

精裝典藏版〈四版序〉

擁有口才魅力，如虎添翼！

戴晨志

不久前，我應邀到明志科技大學演講，那是一所以管理嚴格著名的男校，所有學生一律住校，真有夠特別。在演講中，來聽講的學生，全都是理工科的男生，氣氛自然比較僵硬。

在演講開始前，我看到前三排座位全是空位，其中，只坐著一位年紀較大的前輩；這長者主動地走向我，遞了一張名片給我；我一看，天哪，上面寫著是「校長，劉祖華博士」。當時，我甚是感動，在學生舉辦的活動中，沒有任何老師來參加，校長竟然是「唯一的師長」，且靜靜地坐在第一排。

演講五分鐘後，我問同學們：「有將剛才我講的笑話記下來的請舉手？」只見沒有一、兩人有寫筆記。我說：「你們看看劉校長，他一邊聽演講、一邊不停地寫筆記，難

怪人家會拿博士、當校長！」

就這樣，有校長在現場當榜樣，我立刻要求兩百餘位同學，找出筆和紙；因為，聽演講怎能空手坐著，不動筆做記錄呢？同樣地，一個人，想要學習，或想要訓練「口才說話」，怎能不學習記錄別人的精彩重點和技巧？

在職場上也是一樣，有機會和長官一起開會，或聆聽老闆講話，都必須帶筆和紙，一邊聽、一邊記，把主管或老闆的話重點記下來。您知道嗎，「超強的記憶，不如一支短短的筆」啊！

❀

其實，現場把老闆的話記下來，代表的是一種「認真、敬業的態度」，相信每個老闆都喜歡「認真、敬業」的員工啊！而且，若能把主管或老闆說過的話，在公開的場合適時地複誦出來，相信老闆一定會對你印象深刻、大加讚賞。

在明志大學的演講中，我發現前三排位子空著，所以我就請後三排的同學移駕坐到前三排。我想，您會猜想到一畫面，那就是——「同學們都不敢坐到校長旁邊」。可是，我告訴同學們：「有誰願意勇敢地坐到校長旁邊？這是個大好機會！能坐在校長旁邊是多麼難得，也是個榮耀啊！」

後來，真的有同學勇敢地坐在校長旁邊，一起聽演講。

人，不能怕、不能畏懼坐在老闆旁邊！當一名員工或部署也是如此，要主動親近主管、多請教主管，不能畏縮、退卻。坐在主管、老闆旁邊有什麼好怕的？我們的態度，就是要從容不迫、氣宇軒昂、自信自在、認真敬業！

想想，能坐在老闆旁邊，是多麼難得呀！平常，老闆可能沒機會認識我們，但我們可以把握機會懷老闆更了解我們，進而為自己創造更多表現的機會啊！

真的，在職場中，「別人沒有認識我們的義務，但，我們一定有自我行銷的權利！」不是嗎？

❁

一個人，想要練習好口才，想成為一名「說話高手」，也是如此，他必須懂得隨時為自己創造機會——

一、主動站到台上開口說話的機會；

二、主動與長官、主管從容說話的機會；

三、主動與「成功者」或「說話高手」結緣、認識的機會！

說真的，訓練好自我口才，是讓自己「辛苦三、五年，風光五十年」的一件事；一

個人有專業知識，加上有吸引人的口才魅力，自然能使自己「如虎添翼」，在職場上更上一層樓。

在此，我要特別感謝時報出版公司，願意將這本在民國八十三年出版的舊書，重新編印，並且請插畫家江長芳小姐，精心繪製美麗的插圖付梓。

也感謝過去曾購買過本拙作的三十多萬名讀者，因著大家的支持，才能改變我的一生，讓我走上專業寫作的這條路。

在本書中，讀者們一定會發現，有許多新聞案例都是十多年的「舊新聞」；但，那也是讓我學習、成長、進步的泉源，所以，我十分珍惜它，也經修改潤飾後，特別加以保留。希望這些過去的寫作題材，對現今的讀者仍有一些幫助。

〈自序〉
回首來時美麗步履

戴晨志

從小，我就不太愛說話，在可以不必說話時，我就靜默不語。雖然中小學時，曾參加過幾次演講比賽，但總無佳績見人。兩次大學聯考落榜，使我無緣就讀大學，而進入國立藝專唸廣播電視科。

藝專後校門小巷裡，有家冰果店，我喜歡到那裡去吃西瓜。通常我不太想說話，只要用手指著價目表上的「西瓜」，店裡小姐就知道我的意思，馬上切好一盤西瓜，親切地送過來；我吃完西瓜後，把二十元放在桌上就走了。

這樣三五次，我總是一個人靜靜地去吃西瓜，店中小姐也習慣我手指價目表點西瓜的方式。

有一次，我快走到冰果店時，就聽到小姐跟裡面的人大聲說：「趕快切西瓜一盤

哦，那個啞巴又來囉！」

後來，這位冰果店的小姐，成為我現在的太太……。

或許認識我的人會很納悶，戴晨志什麼時候結婚了？我怎麼不知道？

的確，我還沒結婚，不必緊張，不用難過；上述「啞巴吃西瓜」的故事，是我從一位「口語表達訓練班」的學員那兒學來的，他用親身的生活小故事，輕鬆地道來，也巧妙地在不知不覺中鋪陳氣氛，直到「那個啞巴又來囉」一語出現，而令聽眾爆笑絕倒。

❀

我之所以喜歡在演講中說這個故事，是想說明「口才是可以訓練的！」每個人只要有心，多聽、多記、多學、多演練，自然可以使自己成為既幽默、有內涵、又有魅力的「說話高手」！

記得唸藝專一年級時，老師說我國語不好，要我訂一份國語日報，我內心很不平，長這麼大了，還要訂《國語日報》，多丟臉啊！可是，我還是真的訂了一份。每天宿舍同學還在睡覺時，我就拿著《國語日報》到空教室、操場、司令台去，一個字、一個字慢慢唸。

大一新生時，我不管三七二十一，就報名參加演講、詩歌朗誦、即席演講、辯論等比賽，但是每次都沒有得名；我們班上同學就告訴我：「拜託你不要再參加比賽了好不好？我們廣電科的臉，都被你丟光了！」

可是我知道，我只要敢站上台，就是戰勝自己，就是克服我自己的心理障礙。參加比賽沒得名，並不是什麼丟臉的事，如何使自己勇敢地「站到台上去」才是最重要的！

❁

三年過後，我被選為畢業典禮的畢業生代表，在盛大典禮中代表畢業生向校長「致謝辭」。許多同學後來對我說：「你這三年來變化很大！」的確，藝專三年中，我很欣慰地說，我寫了三年日記，練了三年國語。我希望，雖然我不能唸大學，但仍能保持努力不懈的心，天天練習，日日精進。

記得在藝專三年級時，我在全台北縣大專演講比賽中脫穎而出，獲得冠軍，亦成為全縣青年節慶祝大會的主席。當時的我，心情緊張不已，每天都戰戰兢兢地勤練講稿。

有一天清晨，我從板橋藝專搭公車到台北新公園，想前往新公園內的「音樂台」上練習演講，並感受面對台下的氣氛。可是一到音樂台，看到台上、台下都有很多老先

生、老太太在那裡做體操、慢跑、甩手、打外丹功……嚇得我不敢上台，呆站在一旁。可是，我心想，既然已經坐車來了，怎可害怕而打退堂鼓？在一陣心理掙扎與衝突後，我終於走上音樂台，一個人站立，目視前方，吸一口氣，開始把準備好的青年節慶祝大會主席講詞，慷慨激昂地演練（當然腳是一直在發抖）。

講著，講著，就有老太太慢慢地走到台前，站著不走；老先生慢跑經過，也停著不跑。有人一邊甩手，一邊聽我演講；有人一邊做體操，一邊看著台上的我。音樂台旁有個警察分駐所，警員也出來了，看看台上那個小子，到底在發表什麼煽動言論？那時候還沒解嚴。

我呢？眼前的聽眾愈來愈多，我紅著臉，沉住氣，還是把該講的繼續講。一講完，台下給我熱烈的掌聲，我不知道那是「鼓勵」？還是「同情」？或許有人認為，即使是個「神經病」，在台上講那麼久，還是要給他一些鼓掌！

退伍後，準備出國前，中廣名播音員閻大衛先生每週在百忙中抽空教我「國語」，使我受益匪淺。雖然我曾報考中廣、警廣、正聲等電台，都不被錄取，但在美國唸碩

士，我仍每天「唸」《中央日報國際版》，練習播音；返國後，以第一名成績進入華視任文字記者。

我必須承認，我不是天生口才好的人，但我憑著自己的興趣與毅力，不斷向前輩請教，不斷自我鞭策、練習。在大家餐敘哄堂大笑時，我默默記著別人幽默雋詠的話語；在走路時，我練習說笑話，使自己不亂笑；在開車時，我聽名家的演講錄音帶，學習他人的演講優點。

我相信——一艘船除非有目標、航向，不然，不管吹什麼風，都不會是「順風」。

在此，我要特別感謝〈中晚廣場版〉、〈聯合副刊〉、〈人間副刊〉與〈時報周刊〉，在過去一年中，將拙文以不同專欄呈現，使我這個資淺的新人，蒙受極大的激勵。

同時，也向所有愛護我的讀者，獻上最誠摯的謝意。

民國八十三年七月二十日

寫於世新學院口語傳播系

第一篇

說話溝通藝術

——爭辯越多，思想越少

多言取厭、輕言取侮！

思想愈少的人，說話愈多！

有些人喜歡多管閒事，
對於與自己無關的事，仍愛追問到底；
有時可能是基於善意的關懷，
有時卻也是滿足自己的好奇心。
其實，適度地關心，會令人覺得窩心，
但若整天喋喋不休、蜚短流長，則令人厭煩。

人到了一定年齡而不結婚，似乎變成「眾矢之的」，經常有人「關心」，甚至「嚴重關切」。所以，過去遇到認識的人時，我總會被問道：「你怎麼還不結婚？」「什麼時候請喝喜酒啊？」後來，這個問題被問多了、問煩了，當時我的答案一律是——「快了吧，一九九七吧！香港大限時，我大概就會結婚。」

沒結婚，實在是個人的問題，但是很多人卻表現出「極度關心」的態度，其實他們自己的婚姻也不見得好到哪裡去。有的人還偷偷地打聽——「他長得也不錯，怎麼還不結婚？是不是有什麼問題，有什麼毛病？」害得我父母真的問我，你是不是「生理」有啥毛病？

最近，問我「怎麼還不結婚的人」愈來愈多，我煩了，只好回答他們：「因為我的屁股長一個胎記！」

「啊？你的屁股長一個胎記？那跟你不結婚有什麼關係？」

我說：「是啊，那我不結婚跟你有什麼關係？」

唉，怎麼會有那麼多人愛管閒事，管人家愛不愛結婚？

當然，系上的學生對系主任還沒結婚，也頗為關心，雖然他們不敢直接問我「怎麼還不結婚」，但是也以其他方式來表達「關懷之意」。有一天，系上佈告欄上出現一份大海報，上面寫著「誠徵師母一名」斗大字體，另外還有「師母」的待遇與條件：

「一、月入數十萬，

二、工作輕鬆，

三、免經驗，

四、男女不拘！」

呵，「免經驗」當然好啦，但竟強調「男女不拘」，難怪沒有人來應徵。

學生的調皮「創意」，令人覺得十分可愛、好玩又有趣，本來「口語傳播系」的學生就應該活潑、敢表達；但是假如有人經常嘮叨的問：「怎麼還不結婚」，就叫人生厭。**古人說：「多言取厭、虛言取薄、輕言取侮」，尤其是有關別人「結不結婚」的私事時，過份的關心、多言，總不是令人愉悅的事。所以西方人說：「與人交**

您知道嗎，思想越少的人，說話愈多哦！

談，猶如彈琴絃一般，當別人感到乏味時，便要把絃按住，使它停止振動、發聲。」

台灣學生所受的語言訓練極少，從小就不被鼓勵多做公開表達，以至於學生在台下吱吱喳喳不斷地講，一叫他上台，則臉紅脖子粗，講不出幾句得體合宜的話來。畢了業，進入社會工作，私底下也是話多得不得了，「流言」、「小道消息」、「個人隱私」，總不忘記「口語傳播」一下；倒是要做簡報、主持小型會議、討論時，又支支吾吾，說不出話來。

人們似乎常常「有嘴說別人，沒嘴說自己」，以致變成「口舌場中，是非海裡」。有人說：「思想越少的人，說話愈多」，好像有其道理。

理念運用

想想，自己是不是常在台下吱吱喳喳，但一上台，則臉紅不知所措，無法自然流暢地說話？

其實，我們都要訓練自己，有機會時，就要勇敢舉手、勇敢上台，創造自己的機會！真的，每一次的機會，都會讓自己更加進步！

幸福養生的祕訣

始終在院子裡散步的男人

為什麼一位九十大壽的老爺爺經常在院子裡散步？

因為，他懂得「忍讓」、「包容」；

因為，他懂得「少說兩句、海闊天空」的道理！

所以，退一步，是為了海闊天空，

也是為了跳得更遠啊！

上課時，一位同學說了一故事：

有一位老爺爺過九十大壽生日，一大群來為壽星祝壽的人，都稱讚老爺爺身體十分硬朗、紅光滿面、精神抖擻，一點都不像九十歲的人。其中就有人問老爺爺長壽的祕訣是什麼？

「好吧，我告訴你們我的祕密！」老爺爺當眾神祕且得意地說道：「六十五年前我結婚的時候，我和太太就在新婚之夜時約法三章——今後只要我們吵架，一旦證明誰理虧，誰就要出去院子散步。你知道嗎，這六十五年來，每次吵架，都是我到院子裡，或街道上散步。」

聽完這故事，全班哄堂大笑，其中一男同學說：「那麼笨，每次都是他理虧！」

其實，老爺爺並不笨，也不可能每次都是他理虧，但是由於他的「忍讓」，每次都是他「主動」到院子裡散步，減少了夫妻無謂、無休止的爭吵。

嘻，我就是始終在院子裡散步的老人！

老爺爺的精神實在令人感動與敬佩，想一想，多少男人、女人能夠事事不相爭，寧願「自認理虧」地在言語上讓步；而他閉起惡言相向的嘴舌，讓兩人都獲「寧靜自省」的片刻。

的確，很多人都會「爭辯」，但不一定都會「說話」，尤其是爭得面紅耳赤時，怎懂得「少說兩句、海闊天空」的道理？

但是事實證明，爭辯愈多的人，思想愈少，因為只顧說話、爭辯的人，絕少思索。所以，當一個人喜歡常用「嘴巴」批評或爭辯時，一定會漸漸不喜歡用「耳朵」，也較少用「心」、用「腦」思考。

❀

培根說：「少年人愛在嘴上，中年人愛在行動，老年人愛在心裡。」而我覺得，過九十大壽的老爺爺，他的愛是在嘴上、行動和內心——真心相愛，謹守不惡言相向、不爭執的真諦，所以得以白頭偕老、長壽可愛。

一對年逾九十的老夫妻到法院要辦離婚，法官則好言相勸老太太打消離婚的念

頭。「妳都已經九十一歲了，」法官說：「妳的丈夫也已經九十四歲，結婚七十三年這麼難得，怎麼到了晚年還要離婚？」

「話雖不錯，但是我們的婚姻已經破裂半個世紀。」老太太一邊說，一邊淚如雨下：「要不是為了兒女，我們早就離婚了。現在，我們的兒子、女兒都已經死了，所以我們決定離婚。」

唉，這真是個「淒美」的笑話，聽了不知叫人「哈哈大笑」還是「一陣心酸」？不過，夫妻若能為了子女而「容忍」，以維繫半個多世紀的破裂婚姻，也真是非常偉大！

莎士比亞說：「一個發怒的女人，有如一池受了攪動的泉水，混濁可厭，失去了原來的美麗與文靜，一個無論怎樣喉乾口燥的人，都不願啜飲它一口。」

其實，豈僅是「發怒的女人」？發怒、爭辯的「男人」亦一樣是面目可憎！

唯有在言語中有恆久的「忍讓」和「包容」，「自認理虧」地到院子裡散步、靜思，才是幸福養生的祕訣。

小心造成「口語傳播障礙」

親愛的小姐，妳幸福嗎？

在人與人之間的傳播過程中，
口齒不清、語意不明，
或是認知差異、文化異同……等等因素，
都會產生「溝通障礙」，
甚至造成笑話、誤解、衝突，
教人怎能不小心謹慎呢？

聽說以前一谷姓黨國元老鄉音非常重，講話不易分辨；但因其職務關係，經常必須以國語、英語發表演講。谷先生正義凜然的講詞，句句鏗鏘有力、震撼人心，使人肅然起敬。

有一次許多台下的聽眾，突然聽到谷先生在演講時，好像說到什麼「屁股對屁股，肛門對肛門」，後來相互詢問之下，才知道谷先生是說「people to people, government to government」；只是他的口音太重，英文被誤聽成中文，而成為有趣的笑譚。

前總統李登輝先生曾在一次記者會中表示，政黨在轉型期過程中，自然會產生「言論多元」的現象，就像「車子轉彎時，連Gear（齒輪）也會吱吱叫」。李總統講Gear時，是以日語的腔調唸，所以很多人搞不清楚是什麼東西；當天新聞局發佈的總統講詞，竟是「連『椅子』也會吱吱叫」。許多讀者一看，車子轉彎時，「椅子」還會吱吱叫，那豈不是太危險了嗎？可能輪子也會跑掉。

❁

在人與人之間的口語傳播過程中，鄉音太重、口齒不清、語意不明、認知差異或文化不同……等等因素，都會產生「傳播障礙」，甚至造成誤解、衝突或笑話。

前一陣子，報載一個年輕人很喜歡音樂與戲劇表演，有一天，他急著趕到「國家劇院」看默劇演出，就攔了一輛計程車趕路。司機問他，要去哪裡？年輕人說：「去國家ㄐㄧˋ院，快一點，快來不及了！」

司機看他那麼急著趕到國家ㄐㄧˋ院，就興致勃勃地問他：「什麼？妓院也有國家的哦？是不是公立的比較便宜？在哪裡，我也要去！」

❊

說實在的，有些本省籍人士，國語中的ㄧ和ㄩ分不清楚，ㄈ和ㄏ也混淆不分，所以台電公司的一名主管常提到「發電」，卻唸成「花電」（ㄏㄨㄚ）。

亦有一新婚的「胡小姐」到市公所申請戶籍謄本，承辦先生辦好之後，將謄本交給她，而為了避免誤拿，所以順便問一下：「小姐，妳姓胡嗎？」

胡小姐很嬌羞地說：「不好意思說啦！」

承辦人員問：「怎麼會呢？小姐，妳是不是姓胡？」

那小姐只好紅著臉說：「很美滿啦！」

原來胡小姐腦袋瓜還記著當時熱門電視節目「笑星撞地球」節目裡的張菲，把「姓胡」聽成「幸福」了！

理念運用

您還聽說過哪些有關「傳播障礙」的笑話嗎？不妨在不同場合說出來與大家一起分享。但是，您必須先搜集有趣的笑話，而且，事先練習講幾次給不同的人聽，免得講出來時，只有自己笑，別人都不笑，那就會很尷尬哦！

如何展現說話親和力

將心比心，善解人意！

善用「同理心」，可使他人感到親切、被關心，
因而縮短彼此的距離，
也增進個人的人際關係。
從政者若能善用此人格特質，
可增強自己的親和力，
並提高民眾對其之認同感。

前法務部長馬英九在上任後不久，就馬不停蹄地走訪各地的監獄和看守所，親自與受刑人閒話家常，或談「戒菸戒毒」的心得。馬英九部長在視察新竹少年監獄和少年觀護所時透露，他也曾於高中時偷偷抽菸，當時因年輕、好奇，而瞞著家人和師長偷偷地抽菸；而在就讀大學、赴美留學和出社會做事時，也都抽過菸，不過他現在知道香菸對身體不好，已經不再抽了。

馬英九在面對受刑人時，非常親切地詢問大家：「有沒有信心戒菸？」當對方回答：「有信心」時，馬英九就與受刑人握手致意，並要他們加入戒菸的「握手保證班」。馬英九接著問「握手保證班」的同學：「男子漢、大丈夫，說得到、做得到嗎？」全體同學都高聲說：「做得到！」

馬部長親和的態度與口語表達，很快地與監所受刑人打成一片，充分表現出他「令人愉悅的人格特質」，也給受刑人與社會大眾留下深刻的印象。

其實，馬英九展現的不僅是親和的「說話」和「動作」，而且也是社會心理學中人際關係的特質——「同理心」，因為馬英九透露他過去和受刑人一樣，都抽過

菸，「大家」都有相同的過去，但只要有決心、毅力，就可以「說戒就戒」。馬英九先站在受刑人的立場，表示「理解」他們因年輕、好奇而抽菸吸毒，但希望受刑人和他一樣，有信心戒除抽菸吸毒的壞習慣。

前美國總統柯林頓也是一位十分懂得「同理心」的人，當他首次搭乘「空軍一號」專機於飛行途中時，得知有兩名小朋友因食物中毒而住進醫院，柯林頓馬上從專機上打電話，與兩名小朋友的父親通話，表達他的關切之意。

柯林頓「親民之舉」，透過媒體報導，成功地塑造他「平民化作風」與「同理心」的形象，並贏得選民的好感。

可是咱們國內的政治人物，在法務部信誓旦旦強調「肅貪」之時，許多高層人士竟都擁有多張的高爾夫球證；在各地水荒嚴重時，「德高望重之上」卻仍安逸打高爾夫球，似乎事不關己，口中仍振振有詞說：「打高爾夫球是個人運動的自由」云云。此話聽在老百姓耳中，好像缺乏那份體貼、同情、為民眾設想的「同理心」人格特質。

❁

聽說有一美麗如花、豆蔻年華的小姐，始終有許多的男性追求者，使她不勝其煩。有一天，她為了避免太多的「相親約會」浪費她的時間，就同時邀約三名追求她的男士一起用餐。

進餐後不久，這小姐不小心放了一個屁，其中甲男士就自告奮勇地說：「對不起，這個屁是我放的，請大家原諒！」小姐聽了，暗自高興，覺得甲先生很不錯，會幫她解危。

飯吃到一半，此漂亮小姐又放一個不算小的屁，她好是尷尬，但是乙先生見狀，亦不甘示弱、且很有禮貌地說：「抱歉，這個屁，是輪到我放的，請大家不要見怪！」

這漂亮小姐聽了，鬆了一大口氣，沒想到乙先生亦是如此有「同理心」，且善解人意，令她感激萬分。到了快用完餐時，小姐因豆子吃太多，又放出一個屁，使她滿臉漲紅。丙先生一看，機會萬萬不可失，馬上站起來說道：「對不起，這個

屁，還有以後所有的屁——我全都包了！」

這個漂亮小姐想到一輩子的屁，都有人「包了」，就「充滿感激」地嫁給了丙先生，因為丙先生說話最有「同理心」；其萬全而周到的「體貼」與「善解人意」，讓她終生享用不盡。

理念運用

你可以告訴別人——這個「屁笑話」，是一種「同理心」的表現；但拜託，請千萬不要在吃飯時講哦！

可是笑話也要時常練習講，必須講到自己不笑，別人哄堂大笑才可以。

刀傷易痊，舌傷難癒！

我瞎了眼，才會嫁給你！

「舌者，殺人之利器也。」
「贈人以言，重如珠玉；
傷人以言，甚於劍戟。」
惡言相向的「口角與怒罵」，
是一種任何人都會的遊戲，
卻也是一種雙方都無法獲勝的競賽。

位新婚不久的太太嬌滴滴地向先生問道：「老公啊，你是不是和我的感覺一樣，覺得我們真是『相見恨晚』呢？」

「是啊，我的確感到我們真是『相見恨晚』，恨當初我們初次相見時，為什麼是在那麼黑暗的夜，所以沒有把妳看清楚！」老公說。

其實，這對夫妻對彼此的感情「雖不滿意，但還能接受」，至少太太還會嬌滴滴，先生也有點幽默感，不像我的王姓朋友，結婚不到一年就離婚了。為什麼？還不是逞口舌之快，所以生活中就充滿「惡言相譏」的戰爭：

王先生做小生意，賺錢不多，卻喜歡買貴重的衣物、家具，王太太就常用嘲諷的口吻說：「你以為你是王永慶啊，也不看看自己一個月賺多少，有什麼資格買這麼貴的東西？」

「是啊，我是不會賺錢，但還是養得起妳這個吃閒飯的！」王先生也不甘示弱。

夫妻偶爾出門逛街，王太太看上一件新款的套裝時，先生當著女店員的面說：「這種衣服要身材高䠷的人穿才好看，妳又矮又胖，穿起來像穿布袋一樣！」呵，

王太太一聽，氣得轉身就自己坐車回家。

最讓王太太憤怒的一次是在百貨公司要買化妝品時，自己的老公竟在其他顧客面前對她說：「妳長這樣子，用再好的化妝品也沒用！」王太太忍著心中的「恥辱」與「悲憤」，回到家終於爆發了！

「我命賤，我命苦，婚前一大堆男人追我，我瞎了眼才會嫁給你，哇……」王太太氣得哭起來。

「我才倒楣呢，娶個不會下蛋的老母雞，每天沒工作在家閒著，只會吃閒飯！」「不會生？搞不好是你自己有問題也不一定！」王太太越說越氣：「對啦，是我不生啦，不然萬一生個小孩長得像你這副『豬樣子』的德性，我不嘔死才怪？」

突然之間，王先生孔武有力的巴掌像一陣旋風一樣摑了過來，把太太一巴掌打倒在沙發上，並盛怒地說：「婚前看妳伶牙俐齒，沒想到婚後妳說話竟然是如此尖酸刻薄，我看妳是不想活了！」陸戰隊出身的王先生又順腳踢她兩下，未料王太太也抓住他的小腿，狠狠地咬他一口。

不久，兩人協議離婚。王太太感嘆說：「原來以為他結實的臂膀，厚厚的胸膛，是我終身的依靠，沒想到兩人氣起來口不擇言，他就拳打腳踢，一手抓、一手揍，打起來好痛哦！嫁人最好不要嫁給太壯的男人！」

王先生也回憶道：「唉，娶妻娶德，婚前要擦亮眼，聰明些，不要娶個說話尖酸刻薄，時時帶刺來戳你的女人，否則你就倒一輩子楣！」

孫子說：「贈人以言，重如珠玉；傷人以言，甚於劍戟。」西方亦有諺語：「舌者，殺人之利器也。」許多人都很會「爭辯」，甚至在言語中用狠毒的話把對方刺得「遍體鱗傷」；然而，惡言相向的「口角與怒罵」是任何人都會的遊戲，卻也是一種雙方都「無法獲勝」的競賽。**若有人能把對方說得「啞口無言」，也只是一場「假勝利」，因為你無法贏得對方的好感，甚至將失去原有的情誼。**

理念運用

想想自己的說話是否都很厚道？或伶牙利齒、傷人自尊？尤其，是對自己身邊最親近、最親密的人。

開口不說「重話、狠話」

要看對眼，不要看走眼啊！

您被恥笑過嗎？

您被辱罵過嗎？

您被全盤否定過嗎？

其實，我們每個人，

都期待從他人的語言中獲得肯定與讚美，

增加「自我價值」與「自我尊嚴」。

小慧是我的好朋友，漂亮大方又有人緣，結婚當天賀客滿堂，都認為新郎新娘兩人「郎才女貌」，真是天作之合，一定可以永浴愛河，白頭偕老；而小慧也非常高興，找到如意郎君。在婚禮進行時，小慧透著頭紗，偷偷地斜瞄了一下帥俊體貼的老公，不禁感到欣喜與滿足，心想不久就將展開人生的新旅程。

不料，婚後一個月，小慧開始覺得生活上不盡如意，也不若婚前想像那麼如公主般地美好。她過去習慣在如廁後，將衛生紙丟入馬桶旁的小垃圾桶，可是老公卻堅持可以丟進馬桶內沖掉。兩人竟會為了這個小問題爭得面紅耳赤，吵了一個半小時。最讓小慧生氣的是，每當兩人各持己見、互不相讓時，老公總是大男人主義地說：「說妳錯了，妳還不承認？」小慧一肚子氣，委屈地跑回娘家住兩天。

雖然小慧覺得老公很健談，說話也很幽默，但有時卻也令她感到很不是滋味。有一次，老公竟在朋友到家裡來聊天時說自己老婆：「別的情侶、夫妻是彼此看對眼，我呀，我是看走眼了！」小慧聽了，氣得白他一眼，一個人走進廚房生悶氣。

儘管事後老公解釋說，那些話只是在朋友面前「開開玩笑」而已，但小慧總是

覺得很不舒服，為什麼每次都是以「否定別人」來開玩笑？而在家裡老是一副「只有他是對的」的樣子，動不動就說「妳看妳，這麼笨，連這麼簡單的事都不會」、「哎呀，妳們女人不會懂的啦！」

人呀，最怕莫名其妙地被人家「否定」。您看這句話——「說妳錯了，妳還不承認」，這不僅是「否定」，還是「雙重否定」呢！難怪聽者會怒氣沖天、恨意滿肚。

不過，這還算好，另外還有更令人無法忍受的「三重否定」——「說你錯了，你還不承認，你給我閉嘴！」如果再加上一句「你去死啦！」那就變成「四重否定」了；還有人再加上一句：「你去死啦，死了也沒有人幫你哭！」您看，這不是又變成「五重否定」嗎？

心理學大師馬斯洛認為，「受人尊重」與「生理」、「安全感」、「愛與被愛」、「自我實現」等，是人的五種「基本需求」；每個人都需要從他人的語言認同、肯定、讚美中，來增加「自我價值」與「自我尊嚴」。如果常在言談中「否定對方」，則會令對方難堪、生氣，甚至產生言語和肢體上的衝突。

其實，有些玩笑話的確是隨興脫口而出，但是「說者無心，聽者有意」，玩笑式的「否定」說多了，也會叫人聽了很不是滋味。尤其是「雙重否定」、「三重否定」，真是抹殺對方的基本自尊，引起他人不悅。

我還有一個高中同學，有一天和太太吵架後，一氣之下住到賓館去。後來沉思反省後，覺得有些理虧，就打個電話給太太：

「老婆啊，今天晚上做什麼菜等我啊？」

「我啊，我做毒藥等你！」

「噢，這樣哦，那妳做一份自己吃就好了，我不回來了！」

呵，真是有夠「毒」的！

理念運用

我們平常與人說話時，是否常在不自覺中帶有「雙重否定」、「三重否定」……？或以「否定式」的玩笑，傷到別人的自尊而不自知？

談話時，別常以「否定式」的玩笑，傷害別人而不自知！

別讓口舌成為利刃

說話時，要避免「攻擊、武斷」

自我中心取向的人，
常自以為是，
較無法兼顧或包容其他不同的意見，
也在言語表達中較具「攻擊性」。
發現自己說話偏倚、武斷，
是開啟智慧的開端！

如欣的新男朋友英挺帥氣，又是碩士畢業，在一家公司任中級主管，人人艷羡；但如欣卻時常不快樂，因當他們意見相左時，她男朋友常說：「妳錯了！」假若如欣試圖將自己的想法講出來時，她男朋友也會習慣性地說：「不對，不對！話不能這麼說！」或「那妳又錯了！」

他們兩人經過水果攤時，如欣說：「上次我在這裡買的西瓜好甜哦！」她男朋友問也不問一個多少，就說：「這西瓜一定很貴，以後不要隨便亂買！」

如欣一肚子氣地回家，面對一位經常「否定別人」的男朋友，她正鄭重考慮以後的感情方向。

其實，當我們的同事或朋友說「你錯了！」或「直接否定」我們的意見時，心中難免感到不愉快；可是不少人都有這種習慣說詞，卻不自知，以致影響其人際關係。

法國認知心理學家皮亞傑（Piaget）指出，「自我中心（Egocentric）取向」

的人，凡事都以自己為中心，自以為是，所以不能對事物做客觀分析和判斷，也不能站在「他人立場」想事情。

基本上，自我中心主義的人，比較無法「兼顧」或「包容」其他不同的意見，因此在言談中較具「攻擊性」，經常本能反應地「否定別人」，絲毫不留餘地，而造成對他人的言語傷害。

所以，自我中心主義這一類型的人，常在交談中逞一時之快，追求在口舌上佔上風的「權力」與「快感」，以滿足自我。然而，這種忽視他人、否定他人，以凸顯自己權威意見的交談方式，常傷害他人而招來不悅，也是一種令人反感的人際溝通方式。

❁

事實上，事情的「對與錯」，往往不是絕對的，也可能沒有一定的定論。因此，說別人「你錯了」或「話不能這麼說」時，很可能自己也不一定是百分之百正確；甚至，到了最後，發現是自己錯了也說不定。

也因此，即使他人的看法有誤，「你錯了」的字眼最好不要脫口而出；言語謹慎的人，會用一些替代詞，例如：「在我看來……」、「依個人淺見……」、「我認為……」、「不知道我的想法正不正確……」等等，比較容易被對方接受，並減少衝突。

所以，發現自己說話的「偏倚」，讓自己的說話儘量客觀、理性，是開啟智慧的鑰匙，也是增進說話藝術的良策。

理念運用

與人溝通時，儘量避免直接「否定」或「指責」他人，因為也許錯誤、偏頗、或武斷的是自己，而不是別人。

時然後言，人不厭其言

讓別人也有說話的機會

話多不如話少，話少不如話好，
話多的人不一定有智慧，
且往往可能是剛好相反。
所以，在人際溝通中，
若能適時「製造別人講話的機會」，
則必定更受歡迎。

懷著一顆興奮的心，小張與同業們一起組團到大陸做業務考察。一路上，不管是搭飛機或小巴士，總是聽到其他公司的王副理不斷地大談闊論，吱吱喳喳地講個不停。許多團員私底下都相視而笑，無奈地搖頭說：「這次大陸行碰上王副理，完了，有夠慘！」到了北京，拜會相關單位時，輪到王副理做簡報，只見他站在大眾面前卻臉紅脖子粗，結結巴巴，講不出像樣的業務簡報。

小張也曾與一公關公司女性總經理洽談業務。這女總經理長得蠻漂亮，業務亦是做得響噹噹的，經常是海峽兩岸跑，可是當她話匣子一打開，就滔滔不絕，如黃河決堤，一發不可收拾。小張雖亦是業務口才高手，但想插幾句話，卻始終苦無機會。這位女總經理興致高昂地敘述她兩岸的公關事業是如何蓬勃，小張則兩手在餐桌上玩弄著吸管，心中覺得十分無趣。三十分鐘後，小張終於鼓起勇氣對這女總經理說：「對不起，待會兒我還有事，我先走了！」

中國自古以來就有強調少說話的名言，如**「吉人之辭寡，躁人之辭多」**、**「言多必失」**、**「喪家亡身，言語占八分」**、**「危莫危於多言……」**等等，但是許多人

仍然有「話多」的毛病；出國旅行、婚喪喜慶、辦公室內……都有「話多之士」，喧囂吵雜，令人厭惡。

語言學家拉克夫曾指出簡單的三原則，使人們的說話更文雅——

一、「不要咄咄逼人」；

二、「讓別人也有說話機會」；

三、「讓人覺得友善」。

話多的人，常求發言而後快，不考慮聽者的感受，也不讓他人有講話的機會，所以容易「招怨」。其實，話講得最多者，多半是講自己的私事，或東家長西家短，易滋生事端；甚至不少人因話講得太多，長了「聲帶結」，還到處求醫呢！

❀

話多的人不一定智慧多，而事實上往往可能相反，所以俗語說：「話多不如話少，話少不如話好」。在人際溝通中，「讓別人也有講話的機會」雖然說來容易，但人們卻常常只顧自己而疏忽他人。在古人「時然後言，人不厭其言」的名訓之外，若能適時「製造別人講話的機會」，則一定更受歡迎。

記得，要讓別人也有說話的機會哦！

人際交往巧妙的「交換理論」

你的熱臉貼在冷屁股？

人與人交往或溝通時，
常會存著「交換理論」與「互惠規範」的心理。
但因對方的回饋態度如何，難以預期，
所以往往造成所謂的「熱臉貼在冷屁股」，
與「好心給雷親」（台語）等窘況。

多年前，台灣日立公司董事長許明傳曾被歹徒綁架勒贖二千二百萬元，警方動員海陸空警力圍捕，終於將主嫌犯周偉成等三人逮捕。當許明傳被警員解開絲襪與膠布後，看到太太與女兒，三人即激動地抱頭痛哭。隨後一個戴手銬、始終低頭的男子突然下跪，許明傳定神一看，凶嫌竟是他視為「義子」的周偉成，心中的憤怒頓時猛起，亦失望達到極點。

為什麼許明傳的反應會如此憤怒和傷心呢？因為許明傳沒有兒子，所以將做骨董生意、有十年交情的周偉成視為義子，並常邀請周偉成到家中做客或借錢給他。以「交換理論」（Exchange Theory）來說，許明傳所獲得的「報酬」，不符合他原先的「預期」，甚至變成負面的「意外懲罰」，所以心中的憤怒與失望自然油生。

❀

「交換理論」強調，人們常根據其經驗或期望訂一個標準，假如個人付出後的「回饋」合乎或超過他原先的「預期」，則他會覺得有價值而繼續付出；相反地，若回饋不能達到預期目標，甚至成為傷害他的處罰，則預期與回饋之間的「落差」

太太，就會覺得付出很不值得，有些人甚至會表現出「暴怒」或「攻擊」的行為。

❁

基本上，人與人交往或溝通時，心裡常不知不覺地存著「互惠規範」，期盼獲得「公平」且「禮尚往來」的回應，否則就可能發生言語上的衝突。

我曾在公車看到一幕：一位老先生辛苦地擠到車子座位最後面，幫老太太找到了一個空位，並興奮地叫老太太過來坐，沒想到老太太冷冷的回他一句：「那排椅子硬梆梆、又那麼顛，叫我怎麼坐？」於是先生不再跟她講話，氣氛僵住了。這真是所謂的「熱臉貼在冷屁股」、「好心給雷親」（台語）！

❁

談到「交換」與「互惠」的溝通心理，就讓我想起過去悲慘的送花經驗：

第一次送花給一個女孩，她說：「我們家又沒花瓶，我也不會插！」

第二次送一束含苞玫瑰給另一女孩，她皺眉說：「這些花怎麼都這麼小？」

又有一天晚上，我捧一束花到醫院探視一個漂亮的女孩（我把她當成女朋

友），可是她一看到花就說：「我們生物老師說，植物在晚上會吐二氧化碳，對病人不太好！」

我聽了，十分生氣，什麼「植物在晚上會吐二氧化碳，對病人不好？」人家探病不都是送花？於是，十分鐘後我攜花告辭，在醫院門口，很生氣地將這束花與傷心，一起丟入垃圾桶。

理念運用

我們是否曾誤會別人的好意？或將別人的熱情冷冷地回應？

別忘了，人際關係是「互惠的」，是彼此「交換的」，我們必須先給予別人「正面酬賞、正面交換」，才能獲得友誼。

你在說話時，是否都在「印象整飾」？

相親時，為何猛吃不說？

在面對自己喜歡或重要的人物時，
我們會藉由穿著、打扮、說話語調、態度……
來做「印象整飾」，
以獲得別人的好評與肯定。
但若不喜歡對方，
也可能以「負面印象整飾」策略，來嚇退對方。

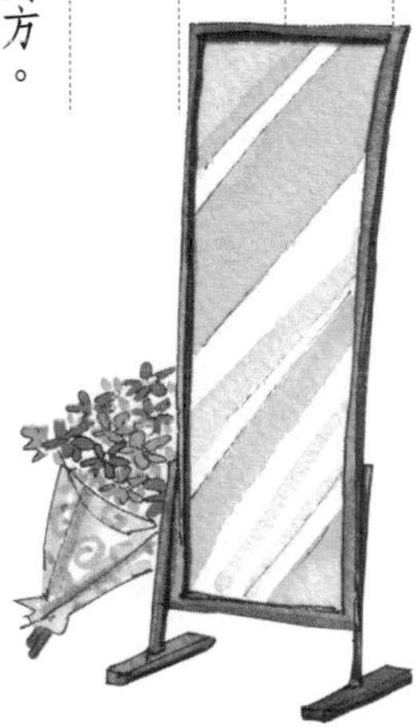

我們再以前文日立公司董事長許明傳遭歹徒綁架為例。當許明傳被綁，雙眼被矇住，手腳也被絲襪綑綁，每天只吃兩片麵包，所以三天後，當他被警方救出，出現於「午間電視新聞」時，蓬頭散髮、鬍子未刮、滿臉憔悴，並有恍如隔世的激動。

但是，許明傳在返家休息、梳整打扮後，西裝筆挺、神采奕奕地於「晚間新聞」中重新出現；許明傳面帶微笑地接受記者訪問，表示人間親情的可貴，不是金錢可以替換的。

許明傳身著西裝領帶，滿面笑容地談話，乃是一種「印象整飾」（Impression Management），用來改變觀眾對他原先未整亂髮、憔悴無力的印象。在人際交往中，「印象整飾」不時地在你我的言行中出現，因我們經常選擇最利己的言辭、表情、動作或服裝，以導引他人對我們有良好的印象。

例如，我們常為使初次見面的朋友有好感，出門前特別梳妝打扮，並在談話中，表現出十分淑女或紳士的模樣；也有人為了獲得上司欣賞，談吐中不斷逢迎恭

維、順服謙虛，或是大大地自我展現一番，這些都是「印象整飾」的表現。

「印象整飾」理論的要義是強調「適時、適宜地表現適當的我」，其方式可以是「語言」和「非語言」的。不過，由於人的性格不同，「印象整飾」技巧好的人，會善於「控制」自己的情緒和言行舉止，以獲得別人的好評與肯定。換言之，人們常利用「印象整飾」，來建立彼此的認同與情誼。

❁

事實上，「印象整飾」的心態並非只有一套或一成不變，而是隨著對他人的「好惡」而調整。譬如，一女孩在相親前，常會打扮得漂漂亮亮，並努力「克制」自己成為「嬌羞可愛」或「端莊嫻淑」的樣子；但當她見到男生時，發現他「其貌不揚」，不是心目中的白馬王子，就以另外一種猛吃、不說話的「負面印象整飾」策略，來嚇退對方，使男生嚇得打退堂鼓。

以前，年輕時，我在第一次相親前告訴小李，如果我不滿意女方、或對那女孩沒有什麼好感，就會藉故在用餐時出來打電話，請小李用「呼叫器」call 我，讓我

其實，我們都在做「印象整飾」，快樂迎向每一天！

有藉口說我有急事，必須提早離開。

後來見面相親時，我很興奮滿意地用餐，沒想到那小姐的「大哥大」響了，只聽她說：「什麼？……真的啊？好，好，我馬上過來！」於是，那小姐說，她有很緊急的事，必須要先走。您知道嗎，那小姐居然比我還早走。餐桌前，有我不知該如何形容的錯愕與茫然！

理念運用

請您回憶一下，我們是不是經常在說話、穿著、打扮時，做有利自己的「印象整飾」，給別人好的印象？

不過，我們也可以觀察，別人也是常在我們面前，做正面或負面的「印象整飾」。所以，我們千萬別被他人的「表相」和「假相」所矇騙哦！

尖酸刻薄的批評，使人不悅！

言語傷人，勝於刀槍！

您知道嗎，

台北縣土城蕭家三口滅門血案，

竟是兇手受不了被他人恥笑、譏諷，

進而大開殺機；

古人說：「喪家亡身，言語佔八分」，

真是有其道理。

多年前，台北縣土城曾發生一件「蕭崇烈一家三口滅門血案」，在警方鍥而不捨的查緝後，已宣告偵破，凶嫌鄧笑文被捕後，坦承因受經營堆高機生意的蕭崇烈「譏諷」而萌生殺機，並在行兇後擔心事跡敗露，而再殺其妻女滅口。

鄧笑文表示，兩個月前，死者蕭崇烈用話刺激他、恥笑他，並用手指指他胸前，笑他「沒什麼路用」，開堆高機那麼久了，仍然是「給人請（聘雇）」，不像他自己開堆高機沒多久就當了老闆。對這樣的「譏諷」，鄧笑文即懷恨在心，後來蕭某只要與他碰面，就不斷嘲笑他，以致使他萌生殺害洩恨之心。

據警方表示，凶嫌鄧笑文心智健全，但因受到對方不斷的譏諷和嘲笑而殺人，這成為歷年來滅門血案的特殊案例，頗值得社會大眾警惕。

古人早有明訓：「言語傷人，勝於刀槍」。許多人常以「嘲弄」他人為樂子，也有部份綜藝節目的主持人，戲稱未能在比賽中過關的來賓「笨」，或嘲笑比賽者的長相「醜」。有些雖然是屬玩笑性質，但總讓人覺得不妥，畢竟「尖酸刻薄」、「有失厚道」的言語批評，會使聽者產生不悅；嚴重者，正如滅門血案的被害人一

般，遭到殺身之禍，後悔莫及。因此，**古人說：「喪家亡身，言語佔八分」**，似有其道理，真是叫人不得不謹慎。

❀

其實，言詞起衝突而萌生殺機的情況，不只是咱們這裡會發生，其他民族亦有所聞。法國巴黎有一名「美食專欄作家」，經常在文章中特別讚譽某家餐廳，或嚴詞批評哪些餐廳的菜餚。有一次，此專欄作家在專欄中對一餐廳的菜色做「像豬食」的評語，以致激怒了餐廳老板。

該老板事後特別再請此美食專欄作家去試吃「精緻美味的佳餚」，不料美食專家吃完後臉色大變，暈倒在地，而於送醫時氣絕死去。餐廳老板被警方逮捕收押後坦承「設毒宴」下毒，他說：「批評我們的美食像豬食的人都該死」！

這真是叫人瞠目結舌，「專欄作家」們下筆時可得小心點，就像說話一樣，若言詞過於尖酸刻薄，批評太過份，可能也會惹禍上身。

事實上，不管是男人或女人都一樣，只要被一些不中聽的話激怒，都可能會情

緒狀態失控，而口出穢言，大打出手，最後鼻青臉腫。

宜蘭縣頭城鎮有兩家相鄰的家具行，因同行競爭而相忌，又因轎車被刮痕而引起言語衝突，於是兩家除了動口怒罵、動手狠捶互毆外，又用口「互咬」。結果，四十一歲的林先生鼻子被咬落於地，他忍著疼痛拾起半截鼻子，趕至羅東博愛醫院求救縫合；另一方是五十三歲的許先生，也在「口齒互咬大戰」中，下巴被咬下一塊肉，鮮血濺滿臉孔和家具，亦痛苦萬分地趕赴宜蘭醫院縫了十多針。

看了上述因說話而遭到殺身之禍、或打得鼻青臉腫、咬掉下巴的實例，似乎叫人覺得不可思議，或有些好笑；不過，也讓人再次想起「言多必失」、「禍從口出」的萬世警句。

理念運用

溝通時，我們都應儘量避免以「譏諷」、「恥笑」、「嘲弄」的口氣嘲笑他人。因為，每個人都有自尊，而負面或貶抑他人的說話，都會使人心生反感或憤怒。

左耳進、嘴巴出的「謠言」

繪聲繪影的「吸血殭屍」……

口語傳播學家指出，
人常常把獲得的有限訊息儘量「拼湊」起來，
因此，「謠言」就有了相當的空間。
有些謠言一生即滅，有些則一直流傳，愈傳愈盛。
吾人必須學習成為有判斷力的智者，
以避免使「口舌」帶來負面的殺傷力。

多年前，我曾接到一通自稱是「張太太」的電話，懇請我抽空和她見一面。問她有什麼事，她說電話中不方便講，希望能見面談。我滿頭霧水，但卻對她電話中誠懇、急切、不斷拜託的言語所打動，於是她立即從基隆搭火車趕到台北，約在鐵路餐廳見面。

她，瘦小身材，純樸無華，帶著兩個兒子在餐廳門口等我。寒暄坐定後，她才吞吞吐吐地說：「我這兩個男孩子都很乖，也都很用功，可是老大兩次大學都差一點而沒考上，老二也是基隆中學剛畢業，成績不錯，但也差兩分而落榜……。」

張太太敬謹地說道：「我家小孩家教都很嚴，我也辭掉工作專心教育小孩，但是兩個小孩都考不上大學，一下子我不知道怎麼辦才好？……聽說……聽說私立大學有些學生沒有報到，有缺額，系主任可以再遞補一些學生進去唸，所以……所以，我想請您幫個忙……至於該有的『禮數』，我們一定會給……」

至此，我才知道張太太帶兩個孩子心急如焚想見我的來意。我是如此驚訝，現在仍有學生與家長認為，「禮數」可以換取進大學的資格。

別讓謠言「耳朵進、嘴巴出」哦！

「不可能的，這是大學聯招會統一作業、分發，連大學校長都不可能安插自己的親戚，何況是系主任。」我說。

「可是，我聽說，有一個同學的同學沒考上大學，後來透過立法委員介紹，就補缺額去唸××大學。聽說以前一位教育部長的親戚，也是這樣唸大學的。」張太太的大兒子信誓旦旦地補充。

當然，結論還是不可能。但令我訝異的是，竟然還有人相信這種謠言。

似乎「謠言」經常在我們生活中出現，如政治性的「謠傳」、攻擊性的「耳語」、試探的「放話」、醜化別人、污衊他人的言論……層出不窮，令人深感是生活在「謠言」的世界。中國雖有古訓「謠言止於智者」，但智者何其少，許多人聽到道聽塗說的消息後，不是「左耳進、右耳出」，而是「左耳進、嘴巴出」。

❀

多年前，蘭陽及花東地區曾出現的「吸血殭屍」的傳聞，在校園、市場到處流傳，一時繪聲繪影、人心惶惶；有人說吸血殭屍咬死十多人，甚至二名警員也被咬

死……最後查證是學生把「薑絲」誤聽、誤傳成為「殭屍」。

口語傳播學家指出，人常常不能清楚地了解所有的訊息，大家只能把獲得的有限訊息「儘量拼湊起來」，因此「謠言」就有了相當的空間。假如一個人知識程度較低，對事情缺乏判斷力，對外界斷續不清的訊息都毫無批判地接受，就很容易聽信謠言。

❁

在許多謠言中，可歸納其特徵，即「消息扭曲」——原來的訊息，被誇大、渲染、加油添醋、或惡意中傷，而人們大部分以「聽說」、「朋友的朋友說」……等「多手傳播」來交代不清楚的消息來源。

其實，「謠言」和人一樣有其「壽命」，但久暫不一；有些一生即滅、立即夭折，有些則陰魂不散、揮之不去，甚至一直流傳，愈傳愈盛。

對於謠言，有人堅信會「止於智者」、「不攻自破」，有人則主動澄清闢謠，但有時反而「愈描愈黑」。似乎上帝創造人有「口舌」，自然無法避免它所帶來的「副作用」——謠言。

第二篇

幽默溝通技巧

——妙趣橫生，引來笑聲

幽默，帶給大家歡愉！

志願來充場面的學生

弗洛依德認為，
人都有追求「唯樂主義」的傾向，
喜歡一切令人感到快樂、美好的人、事、物。
所以，一句有創意、且不失莊重的幽默話語，
常在眾多談話訊息中，
給人留下深刻印象。

在我擔任系主任時，系上開了一門「兩性語言溝通」選修課，原本以為只有二、三十位學生選修，沒想到走進教室一看，竟有八十餘位學生已擠在教室裡。為了瞭解為何暴增那麼多學生，我要求學生說明來選課的原因。

一調皮的男生說：「主任，我一向很愛護我們口語傳播系，但是我想，這門課由主任您來上，恐怕人數會不夠，開不成課，所以志願來充場面，沒想到，差點沒位子坐……」他話還沒說完，全班已笑成一團。

一外系女孩說：「我對主任、以及平常寫的文章和書都很有興趣，聽同學們說，來世新沒上過主任的課，就不算來唸過書……」這女孩話還未結束，在場同學就大叫「好哦」、「好諂媚哦」，哄堂笑聲、噓聲隨之雜起。

「其實，我不是慕名而來！」一男生從大家馬蹄型圍坐的座位中站起來，說道：「也不知道老師的課上得好不好，我只是因為旁邊這位同學腳痛，不方便走路，所以扶他一起來上課而已！」此時，同學們又是一陣大笑。

還有一男生說：「我看隔壁教室有社心系開的『強暴與性騷擾』課，我想，與

其將來強暴或被強暴，倒不如先來學習『兩性語言溝通』，預防重於治療嘛！」

另有一男生開玩笑地說：「我來這裡上課真的很意外，因為我這兩節課是空堂，我在教室外面看到那麼多人走進來，以為裡面發生了什麼事，所以就跟著進來！」全班同學又是笑得前俯後仰。

「幽默」是一種「令人愉悅的人格特質」，它常帶給大家歡愉的笑聲。弗洛依德認為，人都有追求「唯樂主義」的傾向，喜歡一切令人感到快樂、美好、愉悅的人、事、物。所以，一句幽默的話，或有創意且不失莊重的玩笑，常在眾多談話訊息中，顯得特別突出，給人留下深刻印象。我從學生的課堂發言中，學習甚多。

理念運用

我們可以多利用不同場合，適度表現自己「輕鬆、親和、幽默」的一面！

剛開始時，我們可以從多稱讚別人、嘲笑自己開始；因為，嘲笑自己是最不會傷害別人的幽默方式。

令人拍案叫絕的「短語藝術」

短小、精簡，才能很悍！

在公開表達時，若能掌握重點，
設計出精簡有力、令人耳目一新的詞句，
往往更能吸引聽眾。
但令人拍案叫絕的演講，並非隨便脫口而出，
除了必須精心設計之外，
更需不斷練習，才能一鳴驚人。

前台灣省省主席宋楚瑜在南投縣為他舉辦的歡迎會上說，從前，他一直認為南投有「四個W」很好，包括Water（水）、Woman（女人）、Wine（酒）、Weather（氣候）都很好。現在他已把戶籍遷到南投中興新村，感覺又多了一W，就是Wonderful（好極了），現場縣府員工聽了無不窩心開懷，都給宋主席熱烈掌聲。

也有一南投縣女公務員做簡報時指出，南投縣是「四大皆空」，為什麼呢？因為南投縣沒有「空運」、沒有「海運」、沒有「高速公路」、也沒有「電氣化鐵路」。聆聽簡報的來賓都對此扼要、觸擊重心的「四大皆空論」留下深刻印象。（不過，國道三號第二高速公路通車後，南投已有高速公路了。）

❀

在公開表達時，若能掌握重點，設計出「精簡有力」，令人「耳目一新」的詞句，往往更能吸引聽眾。**一位台中衛生人員在演講中說，我雖然只有五職等，但我「立足」五職等、「胸懷」六職等、「放眼」七職等、「追求」八職等、「渴望」九職等，不到十職等，「誓不罷休」……。**全場聽眾對此獨特出奇，帶著節奏感，

並有如海浪一波一波洶湧而來的講稿設計，報以最大的喝彩與掌聲。

其實，令人拍案叫絕的演講，並不是隨便脫口而出，而是經過演說者「精心設計」與「不斷練習」。因此，有經驗的演講者，可以透過語言的技巧和拿捏，來掌握現場聽眾「喜怒哀樂」的情緒。

❀

一個學生演講時說，**我姊姊的大嘴巴說起話來真是「驚天動地」、看到男朋友就「歡天喜地」、用起錢來「揮天霍地」、找個東西「翻天覆地」、失戀了就「呼天搶地」，向我借錢時「求天拜地」，現在她終於要出嫁了，我真是——「謝天謝地」。**

當然，這個笑話是從市面上的書上看來的，但要能在演說中適切運用，且流利精彩地表演，亦需不斷演練。

也有婦女義工在演說中引用報上的漫畫說：「挑食的男人——容易餓肚子；不挑食的女人，容易怎麼樣呢？——容易大肚子！」

前行政院長郝柏村在立法院答詢時，曾經指出——「一台一中、四大皆空」；這帶有押韻的短語，亦令人印象深刻。

所以，精簡扼要、詼諧有趣、切合主題的短語，永遠受歡迎。

理念運用

請以目前所流行的話題、或勵志的內容，設計出有創意或押韻的「短語」，並應用在演說之中。例如：「不生氣，要爭氣」、「不灰心，要開心」、「不計較，常歡笑」，「少怨氣，多福氣」、「少抱怨，多實踐」……

懂得「不說什麼」，需要智慧

「藏拙」是一門大學問

「說」與「不說」之間，

需要極大的智慧與勇氣！

所以，吾人應可學習兩種說話藝術：

1. 適時說出一句「漂亮的話」；

2. 及時打住一句「不該說的話」。

在一項公司業務簡報評比中，規定每人只能講十分鐘；小劉報告完後很沮喪地說，時間太短了，他有很多重點都「來不及說」，時間就到了。

辯論比賽時，小張慷慨激昂地為有利己方的論點辯護，當他正想嚴厲抨擊對方時，裁判鈴聲響起——時間只剩一分鐘，小張不得不簡短做個結論，匆匆下台。

陳教授應邀到扶輪社午餐會中發表演講，他在演說中兼顧許多理論與實務，但當他講完少數論點時，主辦單位就提醒他，四十分鐘的演講時間已到了，請他儘快做「結語」。

許多時候，人們常常抱怨想表達的東西太多了，但因時間限制，而無法按已準備好的內容暢所欲言。

❀

記得我在新兵入伍訓練時，為了參加軍中演講比賽，就寫了一篇演講稿，請老師亮軒批改。亮軒老師看完後告訴我說：「你不是不知道『要寫什麼』，而是不知道『不寫什麼』！」

哇，真是一語驚醒夢中人。這話直到今天，我仍清晰記得。的確，我們經常覺得自己的文章是最好的，捨不得「割愛」，所以洋洋灑灑寫了一大篇；但是寫得愈多，可能缺點曝露得愈多，因此「藏拙」就成為一門大學問。

「不寫什麼」必須有聰明和智慧加以決斷，它比「寫什麼」更不容易。

❋

說話表達亦是如此。我們常常知道要「說什麼」，但卻不知道「不說什麼」，以至於不必說的話「說得太多」，重要的話，反而因時間不夠而「來不及說」。因此，即使只有兩三分鐘，講話亦有其重要次序，必須有所取捨，懂得「說什麼」與「不說什麼」。

柏拉圖說：**「智者說話，因為他們有話要說；愚者說話，因為他們想說。」**

西方亦有諺語：**「不必說而說是多說，多說要招怨；不當說而說是瞎說，瞎說要惹禍。」**

在說話藝術中，有兩種令人敬佩的可貴之處，一是適時說出一句漂亮的話，另

一是及時打住一句不該說的話。

理念運用

公開口語表達時，請留心時間的掌握和分配。重要的話，可以先說；不重要的話、揶揄別人的話，可以不說。

所以，要隨時提醒自己——「不說什麼」？免得一不小心，說了「不該說的話」，而後悔不已。

講話「空白」、「停頓」的玄妙效果

「放羊孩子」的結局是……

一個演說高手，
常善於運用「快慢有序、停頓有美」的說話技巧，
來掌握聽眾的情緒，
或製造懸疑的情境。
所以，說話的停頓和沉默不是真空；
言語中暫時的沉默，常裝載著許多「想像」！

「有沒有人知道『放羊的孩子』最後結局是什麼？」一演說者在台上問。

全場先是一片靜肅，然後就有聽眾七嘴八舌地回答：「羊被狼吃了」、「小孩被狼吃了」、「小孩回家吃晚飯了」、「放羊的孩子把狼吃了」……。

演說者說：「這些答案可能都對，不過，還有一個結局，就是放羊的孩子，最後加入了——狼群！」

此話一出，全部聽眾都楞住，隨後有人哈哈一笑。

此演說者故意使用了「問話」，造成懸疑，再於口語傳播中，特地留下「空白」與「停頓」，讓聽者有時間對問題加以思索，並提出答案而產生「互動」，使現場氣氛更加生動活潑。

在語意表達中，三P＋L（Pace, Pause, Pitch, Loudness）是說話時必須注意的技巧，亦即講話的「速度」、「停頓」、「聲音的高低」與「聲音的大小」。

有些人講話的速度非常快，像機關槍一樣不斷地掃射，沒有適度的停頓，給人無法喘息的感覺；也有教授、牧師的說話太急，沒有些許的「留白」，令人有窒息

的壓迫感。其實，「空白也是一種美」，在文字編輯的理念是如此，說話表達時，更是不可忽略。

有人說：「沉默不是真空，沉默裝載著許多想像。」

的確，語言上的「留白」、「停頓」與「沉默」，提供聽眾更多的想像空間。

當然，並不是說話速度都必須要求慢，而是「快慢有序、停頓有美」。許多演說高手都是用快慢的速度，不停地交替運用，令聽眾一下子融入「快速緊張」的情境，再以不急不徐，或緩緩道來的「慢節奏」，舒緩聽者的情緒。

古訓常以女人說話的音量與多寡，來判定「賢不賢」，所謂「聲低即是賢，高即不賢；言寡即是賢，多即不賢」。所以，說話低聲而緩慢，可說是婦人的美德之一。其實，這樣的標準在現今社會已經不適用，但不可否認的，我們對別人「粗魯」或「文雅」的印象，大部分來自對方「聲音高低」、「快慢」與「音量大小」等微妙的變化。

放羊的孩子，最後「加入了狼群」!?

假如我們的講話太大聲、快速不停頓，豈不是給人「急躁」、「咄咄逼人」、「盛氣凌人」的感覺？

理念運用

今天起，不妨比較一下，自己與周邊的人在講話速度、停頓、聲音高低與音量大小各方面，有何差別與優劣？

也請嘗試適度地使用「音調變化」、「快慢」、「停頓」、「沉默」的技巧，看看是否有不同的傳播效果？

保證你變得幽默、風趣的方法

想當笑話高手？不難！

有些人記錄他人的智慧話語，
並在適當時機加以運用，
使人感覺出口成章、口才極佳；
有些人則每天收集笑話，也隨時練習說給別人聽，
久而久之，腦袋中的笑話源源不絕，
人也就變得風趣可愛了！

一日，看到報上一小故事：兩位穿著時髦的小姐在公車上站著聊天，突然司機緊急煞車，其中未拉手環的小姐，小碎步地衝到車前面；司機以為有人要下車，就把車門打開。那小姐在眾目睽睽之下，不好意思走回頭，就順車門走下車去。

另一位拉手環的小姐話還沒說完，只見友人悶聲不響地一個人走下車，就一臉莫名奇妙地說：「怎麼會這樣？怎麼沒有講一聲，一個人就下車了？（台語）」

這笑話滿有意思的，我將它剪下來，貼在「笑話集」之中，也在不同場合講給別人聽。

雖然自己沒唸過台大，但聽說台大政治系有一位李姓教授的課非常叫座，因為李教授飽學風趣，且經常帶一本自己收錄的「葷素笑話集」，在課堂上講給學生聽，所以李教授的課雖在早上八點，仍座無虛席，遲到者還沒座位呢！

❁

事實上，我們經常聽到、看到許多充滿智慧、發人深省、舌粲蓮花的話語，但是卻不知道加以收集；我們也在聽別人講笑話時，笑得前俯後仰、捧腹彎腰，但卻

受人歡迎的說話高手，全身充滿喜感，令人感到如沐春風！

聽過即忘，未能加以剪貼整理，成為自己寶貴的財富。

的確，有些人是天生說笑話的高手，眼睛、眉毛、動作、語調……皆充滿「喜感」，令人感到「如沐春風」。但是，「喜感」和「幽默感」也是可以由後天培養的。部分有心訓練口才的人，每天都會收集報章雜誌上的笑話，隨時說給別人聽，久而久之，腦袋中笑話就源源不絕；也有人記錄他人的智慧話語，在適當時機加以運用，自然使人感覺出口成章、口才極佳。

想成為說笑話高手嗎？不難！從今天起，隨時將可得的笑話剪貼收集，並且每天說一則笑話給五個朋友聽，保證你變得風趣、可愛！

理念運用

你快樂嗎？有時快樂，有時很不快樂，對不對？其實，「快樂」是可以感染的，讓我們「相互感染快樂」，也透過我們的「妙言妙語」，使生活更加美好和愉快！

「對白」，能產生戲劇性效果

訴諸感情、賺人熱淚！

在「說服性」演說中，
「訴諸感情」的表達，
往往比較能打動聽眾的心，
尤其是感性動人的小故事陳述，
常使聽者不知不覺地被情節感動，
甚至潸然淚下。

「我有一個朋友，她的大女兒唸國小六年級，人長得很漂亮，頭髮披肩，眼睛亮亮，成績都是全班第一名，英語、鋼琴、舞蹈等才藝也很棒。」一演說者面對百餘聽眾，緩緩地敘述著。

「這小女孩很聰明，也喜歡在星期日上教堂的主日學，聽老師講故事。有一天，她媽媽非常驚訝地發現，奇怪，這個聰明伶俐的女兒，怎麼連一個小水溝都跨不過去而跌倒？當醫生的父親直覺反應是——女兒可能有病，頭部有病。送醫檢查的結果，女兒的腦部長了腦瘤！」

演說者慢慢舖陳著演說氣氛，全場聽眾的情緒凝結著。

「結果這可愛小女孩的頭髮被剃光，剖開腦殼做『腦瘤摘除手術』，可是縫合後，情況並沒有好轉，腦瘤又長出來。她爸媽趕緊送她到日本，再找名醫開刀；這樣子，前後共開了四次刀，頭殼縫縫合合，最後醫生也束手無策。」

此時，全場聽眾眼睛都注視著演說者，一片靜肅無聲。

「有一天，我的朋友坐在女兒的床邊，看著日漸乾瘦的光頭女兒，並握著她的

小手，對她說：『曉珍，以前我們去過美國、歐洲、日本旅行，都是爸爸媽媽帶著你和小妹全家一起去，但是……曉珍……不久之後，妳要到一個很遠很遠的地方去；這一次，爸爸媽媽沒有辦法陪妳一起去，妳一定要很乖……很勇敢的……一個人走。』」

「這女兒握著媽媽的手，微微笑著點頭說：『媽，我知道，再過不久，我就要到一個很遠的地方去，我會很乖……很勇敢的……一個人走；主日學老師告訴我們說，那邊還有一個天堂，有一天，我和爸媽，以及小妹，還會在天堂見面的！』」

演講會場中，有女性聽眾紅濕眼眶，有人擦拭眼角淚珠。演說者繼續低聲地說，這小女孩於今年三月過世了……。這是一個真實的故事，這小女孩住在中壢，她爸爸是中壢的小兒科醫生……

❀

在「說服性」演說中，「訴諸感情」的表達往往較能打動聽眾的心，尤其是感性動人的小故事陳述，常使聽者不知不覺地被情節所感動，甚至潸然淚下。

對白，能產生戲劇性的效果！

當演說者「訴諸感情」時，他以「說話快慢」、「語調高低」、「手勢動作」來營造動人的氣氛，將聽者的思緒帶到自己所設計的情境；而在強調訴求重點時，演講者將母女之間的談話，以「對白」的方式來陳述，讓人似乎親身感受到母女兩人在床邊的感人一幕。

所以，「對話型」的表達方式，容易產生「戲劇化」的效果，來吸引聽者的注意力，而達其說服的目的。

理念運用

請您找一個親身經驗或動人的故事，以「訴諸感情」的方式，緩緩地陳述給別人聽。有時，太多理性的慷慨疾呼，不如感動的委婉道來。

「真實陳述」比「華麗詞藻」更易打動人

不必華麗，讓真情自然流露！

公開表達與演說時，
華麗的辭藻往往使人覺得抽象和空洞；
但樸實無華地將故事過程真實陳述，
並以稍帶「懸疑」的方式來鋪陳氣氛，
則會更吸引聽眾注意力，
且更易打動人心。

「國三要考高中聯考的那一年，一次模擬考我考得很不理想；當晚十點多，我在房裡發呆，忽然我媽進來罵了我一頓，說我亂交朋友、只會打電動玩具不好好唸書……」班上學生崇政在「演講學」課堂演練時，面對同學們發表演說。

「我媽唸我，一直嘮叨，說許多不好聽的話，我也頂撞她好幾句，兩人就衝了起來。我受不了，一氣之下，就穿著鞋子想往外走；可是我媽兩手擋住大門，說什麼也不讓我出去。在拉拉扯扯之間，我用力一巴掌──啪！把我媽打倒在地，就頭也不回地往外跑。」崇政在講台上邊說邊帶動作地敘述著。

「那時我爸爸在山區當小學校長，我媽一個人哭啼地打電話給他，所以我爸爸連夜坐兩小時的計程車趕回嘉義家裡。後來，我一個人在外面遊蕩到凌晨一點多，才偷偷回到家附近查看，發現爸媽兩個人正著急地四處找我……」崇政音調變低變慢，全班同學一片靜肅地聆聽著。

「那時，我的心一陣刺痛，心裡過意不去，就鼓起勇氣走回家。從來不流淚的父親看到我時，將我抱著大哭說：**『兒子啊，你要記得，做人是要鬥志，不是鬥**

氣啊……』」崇政眼眶閃著淚珠，抿著雙唇說道：「從此，我永遠記得，做人要鬥志，不可以鬥氣！」台下的同學隨即響起一片掌聲。

一篇精彩的演講，不在於使用多少「形容詞」或「華麗辭藻」，而是在講詞內容中自然地流露真情，並感動、說服他人。崇政在演講時沒有說「爸媽很愛我」、「我爸媽的親情如山高、似海深」之類的抽象形容字眼；他只是將親身的故事，不加太多形容詞地真實陳述，但聽眾自然感受其父子真情。

名作家亮軒曾說，寫「情」，必須用「冷筆」——以冷靜與冷眼旁觀的筆法，將過程真實描述，不必加上太多主觀的「形容詞」；就如同攝影機一樣，將場景、對白攝錄，使人自然感受其中之情，而不是一直說「我愛你」、「我真的很愛你」，「我要愛妳到天荒地老、海枯石爛」……

所以，公開表達與演說時，過度華麗的辭藻往往使人覺得抽象和空洞；但樸實無華地將故事過程真實陳述，並以稍帶「懸疑」的方式「舖陳氣氛」，則會更能吸引聽眾的注意力，而聽眾也會被演說中自然流露的真情所感動。

引來笑聲、大受歡迎的絕招

踏出幽默的第一步——自嘲

澎恰恰不諱「大鼻孔」，
白冰冰不忤「矮仔冬瓜」，
鄒美儀也笑談「超大型身材」。
自嘲，是拿自己的缺點開玩笑，
也是最穩當、不得罪他人，
又能大受歡迎的說話藝術。

多年前，中廣公司新任董事長宋時選在就任交接典禮時，以詼諧的口吻期勉員工說：「我年紀一大把了，希望大家好好努力，讓我能平平安安度過晚年，度過這個任期。」宋時選這一席話，讓全場來賓幾乎笑翻天。

宋時選不以「年紀大」為忤，甚至拿來做為「自嘲」的話題，使人覺得親切、幽默，的確是高明的說話藝術。

一位其貌不揚的男同學在自我介紹時說：「對不起，我長得很抱歉！我的朋友告訴我說，長得這樣固然不是你的錯，但常跑出來嚇人就是你的不對！」全班同學莫不哄堂大笑。也有一位外型比「平庸」稍差的女孩，很大方地自我解嘲說：「我雖然長得不怎麼漂亮，甚至有點醜，但是我長得『設備齊全，各就各位』！」全場聽者都哈哈大笑，並留下深刻印象。

「自嘲」是幽默的第一步！能夠自嘲，拿自己的缺點來開玩笑，會給他人親切的感受，拉近彼此之間的距離。所以澎恰恰常以自己的「大鼻孔」為話題，白冰冰、陳盈潔也不避諱自己的「身材矮」；鄒美儀對自己「超大型」的體態也談笑自

如，都博得觀眾的喜愛。

「自嘲」的方式有很多種，從外表醜、成績差、禿頭、懶惰、拙於歌舞……等等，任何事都可以是自嘲的話題。雷根因曾走路跌一跤，所以在其他演講中「期勉」自己：「年紀大了，走路要更小心，免得再跌跤。」吳伯雄也說，有一天他看到報紙斗大的標題——「挽救吳伯雄」，害他嚇一大跳，為什麼吳伯雄需要「挽救」了？他仔細看內容，才知道原來是電視節目「連環泡——七點新聞」中的「吳伯雄布偶」面臨停播的命運，所以有人出來聲援「挽救吳伯雄」。

雖然以幽默的方式調侃他人亦能引起笑聲，但無法保證人人皆有雅量接受；「自嘲」是最穩當、不得罪他人，又能大受歡迎的說話藝術。

理念運用

想想自己是否有哪些「特質」或「缺點」，可以被用來自我解嘲？例如：成績很差、小時候偷爸爸媽媽的錢、考試作弊被老師抓到……很多事，都可以拿來自嘲。

自嘲，是幽默的第一步！

我比鄧小平高十五公分

心理學家都認為，
凡是懂得自嘲、具有幽默感的人，
通常都是充滿「自信」的人，
因為他們懂得用「開朗」的心，
去欣賞人生，
也化解衝突與壓力，並改進人際關係。

前交通部長劉兆玄過去因實施高速公路匝道管制，使南北高速公路較以往順暢而受民眾好評；但沒想到，劉兆玄的做事魄力與身高，竟然成為立委質詢的話題。當立委張俊雄質詢大哥大交換機採購案時，突然向劉兆玄表示：「有人說你個子不高，沒有大臣之風，我認為不一定，鄧小平個子也很小。」

劉兆玄聽了，隨即表示：「我比鄧小平高十五公分。」會場官員、民代與記者，莫不捧腹哄堂大笑。

劉兆玄的機智反應與幽默，為立法院嚴肅議場帶來難得的輕鬆氣氛；他於事後接受記者訪問時說，他的身高是一百六十五公分。

而張俊雄質詢的口吻也值得稱喝，因他以「恭維」的方式代替指責，最後還「期許」劉兆玄說：「你的個子比鄧小平還高，希望你比鄧小平更有魄力」、「希望你不僅身高比鄧小平高十五公分，做事魄力也能高他一等。」

議會中，若民代與官員都能有張俊雄與劉兆玄如此的問答技巧和幽默語氣，將成為極佳的口語傳播示範教材，也是極有風度的「舌戰擂台」。

前財政部長白培英在向同仁離別講話時說，前財政部長王建煊當初將職務移交給他時，形容他的個性是「既穩又能滾」，這句話說得很好，因它的另一層意思是——「該穩的時候穩，該滾（蛋）的時候滾。」

白培英「滾」的哲學與詮釋，也使在場來賓個個露出會心的微笑。

❁

心理學家都認為，凡是懂得自嘲、具有幽默感的人，通常都是充滿「自信」的人，因為他們懂得用「開朗」的心去欣賞人生、去化解衝突與壓力，並改進人際關係。而「自嘲」雖然會使自己看起來「很可笑」，但卻可以輕鬆地贏得親和的形象與友誼。

以前，在大學上課時，有十多位同學因搶答而同時舉手，讓我不知該先點誰起來回答問題。一俏皮男同學不耐舉手多時而我沒點到他，就諂媚地大聲叫我：「帥哥，帥哥！」，希望引起我的注意，於是我點他起立回答；不過，我也插了一句話：

「聽說最近『帥哥』一詞已經有了新解釋，你知道『帥哥』是什麼意思嗎？」

「我知道，『帥哥』就是──『帥』的部方都被『割』掉了！」那男同學大聲地說道。

此話一出，只見全班有人跺腳、有人拍桌，哄堂大笑成一團。

❁

有些女性被形容為「賢慧」時，就很大方地說：「我是『閒在家裡什麼都不會』的女人」，或是「我是『閒東閒西我最會』的女人」，令大家莞爾一笑。

人不喜歡被人嘲笑，但喜歡有人被嘲笑；所以，能開自己玩笑的人，自然能心胸寬大，展現其人際關係魅力。

「雙面論證」頗具說服魔力

「小捧」之後來個「大摔」！

在批評對手之前，
我們可以先稱讚對方的優點，
再一一檢驗其缺點，
並技巧性地強調其缺點「大大超過優點」，
就可以達到否定對方的傳播效果，
這也是比較理性、客觀的說話方式。

「半年前，我婆婆因癌症過世，全家人都傷心地趕辦喪事。公祭的前一天晚上，我們選區選出的王立委派人送來一副追悼輓聯，令我們全家人都十分感動，沒想到王立委這麼忙，還關心到我們小老百姓的喪事。」一位女助講員在政見會上，感性地稱讚王立委的「親民愛民」表現。

「但是，各位知道嗎，王立委在競選時所承諾的政見，有百分之七十都沒有履行；他現在是四家公司的董事長，到處承包工程，也跟黑社會關係密切，一年坐飛機去台北七、八十次……」

這女助講員緊接著細數王立委的不是，痛述王立委的種種缺點，結語是——「這種人，我們還可以繼續選他當民意代表嗎？」

❀

此女助講員使用的口語表達方式是「雙面論證」（Two-sided argument），亦即先承認或讚譽對方的「優點」，再一一檢驗其「缺點」，而技巧地強調對方的缺點「大大超過」優點，以達到「否定對方」的傳播說服效果。

「雙面論證」的說話方式，展現出比較「理性」、「客觀」的一面，使人感覺他不是只會謾罵、批評、偏頗或專挑毛病而已，而是兼顧到正反兩方的立場，也比較出兩造的優缺點，這比始終強調對立、絕口不提對方優點的「單面論證」，來得更具有說服力。

簡單地說，「雙面論證」是一種「先褒後貶」或「先貶後褒」的說話技巧，它使聽者相信陳述者並非「偏頗、武斷」的人，而容易接受其傳播訊息。

套句白話說，要批評對手時，先將他高高捧起，再把他重重地摔下來，這叫做「先捧後摔」；或是再來一個「再捧再摔」，也就是繼續給他來個「小捧」，然後再一次「大摔」，讓聽眾產生「否定對方」的心理。

❁

心理學者研究指出，「雙面論證」的說話方式，是運用「辯證法」的本質和技巧，使聽眾有正反兩面的平衡認知和比較，進而產生「認同感」，也在不知不覺中說服別人。

「先捧後摔」——在要批評之前，要先誇獎對方哦！

其實，「雙面論證」不只是應用在辯論或政見會上的申論訴求；平時父母子女、上司下屬與師生朋友間的人際溝通，亦可理性地使用「雙面論證」技巧——「先稱讚對方，再指出該改進的地方」，而不是一味的指責對方的缺點，才能減少衝突，並達說服的目的。

理念運用

我們可以學習讓自己的表達，不要過於「偏頗或武斷」，必須兼顧正反兩方，或持平地加以分析、陳述，免得使人感覺我們的說法太不理性、太偏激。

政壇妙喻橫飛

絕妙比喻，常叫人拍案叫絕

恰到好處的絕妙比喻，
常能使他人留下深刻的印象；
而政治人物若能適切地使用比喻，
可以降低政治理念的「抽象層次」，
進而使民眾更清楚地了解其政治訴求，
並使人會心一笑。

多年前，當新國民黨連線即將組「新黨」時，國民黨祕書長許水德與副祕書長饒穎奇在接受記者訪問時都透露：李登輝引用聖經的話說：「一百隻羊，即使丟了一隻也得找回來」。

前總統李登輝是一位善用「比喻」來表達意念的政治人物。過去，李總統曾在記者會中以「車子轉彎時，連Gear（齒輪）都會吱吱叫」，來比喻政黨轉變時，出現各種不同言論的多元化現象；不過中研院裘兆琳教授亦以「比喻」諫請李總統：「身為車子司機，必須在開車轉彎前預警並減速，以免車上的人頭暈，甚至翻車。」

「比喻」在文學中經常被視為寫作技巧之一，其中包括「明喻」與「隱喻」；新約聖經故事中，耶穌即運用大量「比喻」來解釋深奧的真理。在一般「口語傳播」與演說中，比喻的運用，更常能深入淺出地將自身理念清楚表達，並使人會心一笑，因此，許多政治人物常因「善用比喻」而獲媒體青睞，例如：

王建煊接受訪問時表示，他在立法院提議全數刪除高鐵預算，只不過是像「狗吠火車」一樣叫叫而已，沒想到火車竟然停了下來。王建煊也抨擊，有些單位推

重大建設時，先編一些錢，等第一筆錢「弄到手」，再開始無底洞的追加預算，反正「頭剃了不洗不行嘛」，所以他提議刪除高鐵預算，以看緊民眾荷包。

前海基會祕書長陳榮傑也曾以「躺擔架」和「坐輪椅」，來比喻陸委會視海基會為「部屬」，使他痛苦得無法做事。而祕書長邱進益也慷慨陳言，海基會的工作遭陸委會綁手、綁腳，無法全力推；就像你今天穿什麼衣服、繫什麼領帶，他都要管；兩會關係像是「父子關係」……。但立委劉文慶則在立院指責黃昆輝，根本是「後母苦毒（虐待）前人（前妻）子」。趙少康並建議，把黃昆輝調去幹海基會秘書長，因為「當家才知柴米貴」啊！

當國民黨召開全體代表大會時，一位不願具名人士說，如果郝柏村出來選黨主席，必然是「犧牲打」，扮演「悲劇英雄」角色，完全是「抱著手榴彈阻止敵人」，風險非常大……

前法務部長馬英九也曾在立院公開向二二八死難家屬致歉，並認為政府應在二二八紀念碑落成時正式道歉。馬英九說：「在公車上踩到人家的腳都要道歉，何

況是二二八這樣的事？」

當海基會與海協會在新加坡談判時，施明德先生說：「國共談戀愛，我要當合法電燈泡」；而施台生與黃昭輝兩派人馬在立院起流血衝突，施明德也抨擊「黑道入侵立法院」，簡直是「社會版的人走進了政治版」。

精簡、有力、貼切與恰到好處的絕妙「比喻」，常能使他人留下深刻的印象，亦是媒體的矚目焦點。政治人物若能適切地使用「比喻」，可以降低政治理念的「抽象層次」，而使民眾更清楚地了解其政治訴求。前司法院長林洋港也曾說，我們國民黨常講要「誠信」、「忠恕」，可是，我總覺得，「當我們站在一個地方時，總要留一席之地給別人站」——這也是一個頗有意思的比喻說法。

理念運用

請在口語表達時，嚐試以幽默生動的「比喻」，來增加語言的「趣味性」與「吸引力」。同時，我們也可以多留意，別人是如何以「比喻」來做語言表達。

具「權威感」的說話招式

站在名人的肩膀上，高啊！

在說話中，如何引用「權威人士的話」，
來增加自己語言表達的說服力，
是一項說話藝術；
常引用「名人名言」，
就如同站在名人的肩膀上，
使說話更有內涵、更具魅力。

前法務部長馬英九過去在「肅貪行動協調會議」中強調，必須以大魄力「向貪瀆開刀」，不僅要打蒼蠅，也要打老虎。馬英九並引用胡適在推行白話文學時所做的《烏鴉》這首詩指出：「人家說我不吉利，我不會呢呢喃喃的討人家歡喜」；馬英九說，肅貪行動會讓少數人不舒服，但對國家整體是好的。

馬英九以胡適作品中的「烏鴉」做比喻，來期勉檢調法務人員，所以各報紙與電視媒體紛紛報導馬英九「要當烏鴉」。

在說話技巧中，如何引用「權威人士」的話，來增加自己語言表達的說服力，是一項藝術；因為我們都是平凡人，講話或許不是很有份量，但若能引用「名人名言」，則會使所說的話更具「權威感」與「說服力」，當然也會使別人認為，嗯，他很有「深度」和「學問」。

所以，談到民主時，很多人會引用伏爾泰所說的名言——「我不贊成你說的一切，但是我至死都要衛護你說這話的權利」。說到「男女關係」時，有人就引用莎士比亞的話——「男人的誓言是女人的陷阱」，來警惕喜歡聽「花言巧語」及「輕

站在巨人肩膀上唱歌，好過癮啊！

易相信誓言」的女人。

在一般印象中，女人比較「多話」，所以有「長舌婦」一詞；有人在提到女人的說話與人際關係時，就引用印度詩人泰戈爾的話說：**「女人的舌頭，是她整個身體中，最後一個停止活動的器官。」**對不起，這不是我說的，是「泰戈爾」說的。

一演講者說，許多人常在背後批評他、做不實的謠傳，使他感到十分困擾。當他把自己的心情告訴一位教授時，這教授告訴他：**「只有果實纍纍的樹，才會有人拿石頭丟它，是不是？你看，死狗是不是沒有人踢？」**教授的話，令他釋懷不少。

人的言語談吐，透露著聰明或平庸的訊息，但若能擷取前輩的語言精華與智慧而加以運用，將使我們的說話更有內涵、更具魅力。

理念運用

我們可以在公開場合說話時，適時引用「名人名言」，使自己的說話內容顯得更有深度、更具權威。當然，我們也必須多閱讀一些名人名言，並加收集、演練。

顏色、聲音、動作，常具有吸引力

強化演說中的「視覺效果」

單純的嘴巴講話，
比較無法吸引聽眾的目光；
但拿出「道具、圖表或實物」，
則聽眾的眼睛自然會被吸引。
所以把內容題材加以「圖像化、影像化和具體化」，
將更可吸引聽眾的注意力，並加深其印象。

在一場人山人海的政見發表會上，聽眾吵雜不堪、亂哄哄一片，小孩也跑來跑去，攤販叫賣聲此起彼落。一位助講員講到一半，突然停下來不講了；他緩緩地從大衣口袋中掏出一個橘子，並在空中拋了幾下，他說：

「各位，現在已經是八點半了，我還沒吃晚餐，這個橘子就是我帶來的晚餐。我從台北忙著趕來助講，沒有時間吃飯，但是……」助講員一邊講，一邊用右手把橘子高高舉在半空中：「但是，我確信，我餓著肚子趕來這裡為今天的候選人助選是值得的，因為……」會場聽眾的吵雜聲漸漸安靜下來，大家都睜大眼睛看著助講員手上的橘子，看他到底在耍什麼把戲？

隨後，助講員又從襯衫口袋中拿出一枝金筆，依然用手高高舉起；金筆在強烈的燈光照射下，閃閃發光。助講員以感性的口吻說道：「各位，我是一位作家，寫作已經長達二十多年，這枝筆是我最喜歡的筆……」助講員一邊旋轉著金筆，一邊說：「今天，我願意用這枝筆來為我們的候選人『背書』，因為，他的能力、他的為人、他的學識都是一流的，我願意拿這枝筆來為他『背書』……」全場聽眾的目

光，都被助講員手上旋轉閃亮的「金筆」所吸引。

一件事物能吸引人們注意力的因素包括——「顏色」、「聲音」與「動作」；正如人們會注意熊熊烈火，是因它有紅色的「火焰」、劈叭燃燒的「聲響」，以及跳躍或上升的外在動作。在公開場合中說話或演講，亦是同樣的道理，**單純的嘴巴講話，比較無法吸引聽眾的目光；但若拿出「道具」、「圖表」或「實物」，則聽眾的眼睛自然被主講者手上所拿東西的「顏色」、「聲音」和「動作」所吸引。**

在口語表達中，人人較難只靠講話而讓他人清楚了解重點，或長時間地維持注意力，因此，必須以「圖表」、「漫畫」或「實物」等來輔助說話的內容；因為把題材「圖像化」、「影像化」和「具體化」，可以吸引聽眾的注意力，並加深其印象與概念。

根據醫學研究，經由眼睛所看到的印象，要比經由耳朵所聽到的印象多上二十五倍，這的確不容我們忽視。

下次有機會演講或做業務簡報時，記得多準備「圖表」、「道具」、「實物」或「電腦投影」，相信一定可以更吸引聽眾的注意力。

台灣平均每天有「七十對夫妻離婚」……

引用「數據」，超級有力

在溝通、演說、辯論、談判時，
不能只有空談理念；
「數據」的恰當引用，
能使人大笑、震驚、憤怒、無奈或難過，
同時，亦能使現場的聽眾，
自然地被「數據」所說服。

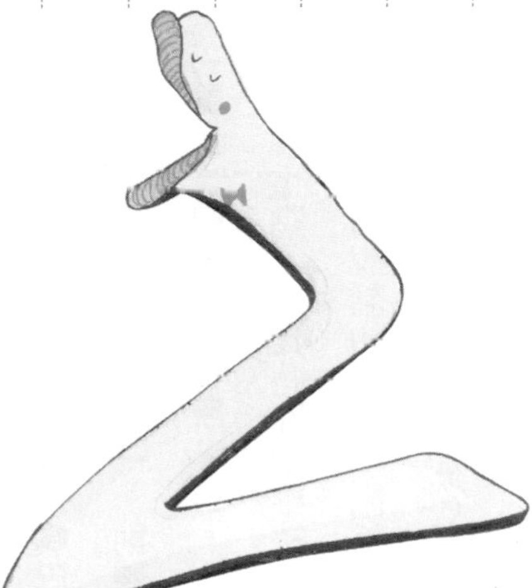

「您知道嗎，去年一年當中，全台灣共有21,795對夫妻離婚；而在今年之中，單單七月，就有2,174對夫妻離婚；也就是說，平均每一天，就有七十對夫妻離婚。」一位婚姻協談人員在座談會中，提出令人吃驚的「數據」。

也有拒菸社工人員在演講中說：「今年美國的一篇研究指出，每抽一包菸，就會減少二小時又二十分鐘的壽命，也就是每抽一根菸，你就少活——七分鐘！」這個怵目驚心的「數據」，令聽者不禁起了戒心。

在溝通、演說、辯論、談判時，「正確數據」的引用，往往有極大的震撼力和說服力。例如：

「一九六三年到七三年越戰期間，一共有46,752名美軍喪生在越南的戰場上。在同樣十年之間，在美國境內因槍殺事件而互相打死的美國人，共有84,633人。」

「數字會說話」，兩項數據一比對，自然顯示出美國治安的惡化情況。

❀

曾經有一名南投縣衛生人員在簡報時說：「我們南投縣幅員遼闊、山區很多，

數字會說話——引用「數據」，超級有力！

所以醫生都只在大都市開業，而不願到鄉下或山區裡來開業；也因此，我們南投縣平均每一萬人口中，只有六點七名醫生。可是，按照衛生署規定，每一萬人口中，就至少應有十名醫生，但是我們南投缺乏醫生，衛生署卻也不聞不問，中央政府也沒有人關心！」

「數據」的恰當引用，會使人大笑、震驚、憤怒、無奈或難過，而達到其傳播與說服效果。

前法務部長馬英九在一次座談會中說，今年受刑人的「再犯率」為百分之四十二。也就是每十名出獄受刑人中，會有四人再犯而回籠。馬英九又說，他聽過吸毒者的一則數據：「曾經十名煙毒犯出獄後，其中有七人再犯入獄，其他三人呢？其他三人則是都因吸毒過量死掉了。」

馬英九話一說完，全體哄堂大笑，可是馬英九一臉嚴肅，說他內心沉痛不已——我們務必要加強反毒！

適當且不著痕跡地在說話中引用「數據」，將使聽眾自然被數據所說服。

台上台下打成一片的高難度技巧

如果演講像麥可演唱會

「麥可・傑克森演唱會」令觀眾如癡如狂，

「張學友演唱會」亦使歌迷陶醉在情網。

然而，演說呢？

其實，演說若能經高手精心策劃，

也能使聽者不自覺地「回應」演說者的說話，

產生現場「一問一答、打成一片」的互動式效果。

一九九三年七月，柯林頓與高爾在美國民主黨全國代表大會中，被推舉為正副總統候選人，並發表接受提名演說。其中英俊帥氣的高爾在一連串嚴厲批評布希的施政措施後，以堅定的語氣說道：「It's time——for them——to go !」（該是布希與奎爾離開白宮的時候啦！）

高爾故意將這句話以帶有節奏的方式重複三次，因此全體黨員代表也一齊高喊：「It's time——for them——to go!」高爾見群眾的情緒已被煽起，於是他提起左手腕，故意看著手錶，問道：「What time is it?」（雙關語，幾點鐘啦？什麼時候啦？）台下激情興奮的黨代表節奏性地吼叫著：「It's time——for them——to go!」

高爾仍不罷休，提高音調再一次問道：「What time is it?」並做側耳傾聽的手勢，幾近瘋狂的群眾拚命大聲喊出：「It's time——for them——to go!」整個黨代表大會充滿一片「沸騰掀頂」的景象，群眾亢奮的心情，更是欲罷不能。

透過電視的實況轉播，全美國觀眾或許已經忘記其他發言者的演說內容，但是沒有人會忘記高爾的最後一句話：「It's time——for them——to go!」這句話簡短有

力，並可以分開斷句，以「節奏性」的方式唸出，實在很適合大庭廣眾「煽情式」的演說。

這種可以琅琅上口、大大攻擊對手的「順口溜」演講詞，絕非是臨時即興之作，而是競選幕僚精心設計的傑作，使聽者不自覺地「回應」演說者的問話，亦使現場形成「一問一答」、「打成一片」的互動式效果。當時電視新聞主播在播完此新聞後，還故意開玩笑地問另一記者：「What time is it?」結果記者答道：「It's time——for us——to go!」（該是我們下班滾蛋的時候了！）

撩起聽眾興奮情緒，使之甘心一起瘋狂吼叫的激情演說，的確是叫人難以忘懷，亦是不易達成的「高難度」演說技巧；但若能經高手精心策畫，加上電視現場實況報導，將可使競選演說者的形象，深深地烙印在聽眾的腦海。

理念運用

政見發表會時，請多留意是否有哪些候選人與助選員，擅長於挑起聽眾的亢奮情緒？而他們慣用的演說技巧為何？

第三篇

口才自我訓練

——勤找資料，勤下工夫

訓練口才，注重平時下功夫

當我站在公車內唸車廂廣告…

有一天上學，
我站在公車內喃喃自語地唸「車廂廣告」，
正覺得自己的聲音很美、唸得很溜時，
突然發現，
旁邊的婦人正以「憐憫的眼神」打量我，
好像我剛從「龍發堂」出來似的……

長久以來，市面上有許多關於「人際關係」、「說話技巧」、「口才入門」、「能言善辯」、「談判高手」……等相關書籍都有不錯的銷售量，其中也有名列暢銷排行榜數十周而不墜者。這顯示出工商社會中，人的互動關係愈來愈頻繁，「人際溝通」與「口才表達」亦愈形重要。

然而，許多讀者在購買、閱讀過「說話藝術與技巧」等相關書籍後，心中卻產生了疑惑——好像自己的口才也沒有進步很多呀！的確，「師父領進門，修行在個人」。假如買了一本口才入門或說話藝術的書，只是「求個心安」，或是看後即置於書架上「供奉」，自然無法學以致用。

事實上，訓練口才需要「自我要求」，並利用各種方法和機會，持之以恆練習。例如，以前我當學生坐公車時，常看著窗外，選一個題目（如摩托車、大廈、電線桿、摩登女郎……）嘴巴小聲地發表三、五分鐘的「即席演講」，讓自己的思路能不斷地「腦力激盪」。若是公車上沒座位，則站立面對車廂廣告，小聲唸著別人精心設計的廣告詞，一方面練習國語、一方面仔細欣賞優美、感性、有說服力的

廣告詞句。

曾有一婦人在公車上看我一個人喃喃自語，好像是剛從「龍發堂」出來，特別以憐憫與關愛的眼神打量我。但又何妨，充分利用時間練習口才是個人的事，何必管他人的異樣眼光？

❀

很多人在該說話時，不知如何表達，事後才搥胸頓足，懊惱不已；但假如自己經常針對某些議題，強迫自己從古今中外、優點缺點、你說我說、甲乙丙丁……等各種角度來發表看法，就會發現思路暢通無阻，源源不絕，不再啞口無言。

「說話技巧」、「口才入門」等書，若不落實於生活中而不斷自我練習，其效果等於零。所以，走路或坐車時，不妨充分利用時間背背詩詞、名言，例如：

「吾心信其可行，則雖移山填海之難，終有成功之日；吾心信其不可行，則雖反掌折枝之易，亦無收效之期也。」

「談錢很俗氣，但很實際」；

「錢不是很重要，但很需要」；
「錢不是萬能，但沒有錢，萬萬不能」；
「靠山山倒，靠人人跑，靠自己最好」；
「你釣魚不一定釣得到魚，但你不去釣魚，則永遠釣不到魚。」
……

又，開車時，不妨關掉音樂，找個題目「即席演講」，或將準備的笑話說給旁邊的人聽。畢竟有內涵的口才，是必須花工夫演練的。

理念運用

請您利用機會，就您眼前所看到的人、事、物，做三分鐘的即席演講。

您也可以參加讀書會，或各種社團，提出您的看法和見解；當然，當您站起來表達高見時，態度必須從容、鎮定，表情保持微笑，更重要的是，內容必須言之有物，有條不紊。

我訂了一份《國語日報》

練習、練習、再練習！

當我還是藝專廣電科學生時，
老師說我的國語不好，
需要訂一份《國語日報》，
所以，我常於清晨，
拿著《國語日報》坐在教室內朗讀，
或到操場司令台階梯上朗誦、演練……

民國八十一年自美返國，為了一場正式的公開演說，我特別在星期日的清晨到辦公室，準備利用教室演練講稿。

當我走近教室，聽到有人在裡面講話，仔細一聽，原來是班上一位極有演講天份的學生在教室內練習演說。這位大一新生見我突然於週日出現，有些訝異，亦不太好意思地告訴我，他最近要參加大專杯演講比賽。於是，他繼續練習他的講稿，我亦在不同教室演練我的演說。

在不斷的琢磨練習後，這位剛進大一的新生，勇奪大專杯演講比賽第三名，也多次在其他比賽中名列前茅。

許多聽眾都被「名嘴」和「演講家」的精彩內容深深吸引，也為其令人發噱的語調和肢體動作捧腹絕倒，但大部份人都只看到名嘴成功手采的一面，卻不知他們背後的心血與苦練過程。

曾經有人問蕭伯納，為什他的演說會那麼引人入勝呢？

蕭伯納說：「這就像學習溜冰一樣，必須狼狽地摔倒過好幾次，直到熟練為

止。」的確，對大部份不是極有演講天份的人而言，「練習、練習、再練習」是自我訓練口才的不二法門。

❁

事實上，沒有人可以不經「練習面對大眾講話」而學會演講，就像學習游泳的人，一定得跳入水中練習一般；假如只買一堆「演講術」或「口才高手」的書，卻不曾要求自己不斷地練習，則一定無法克服內心的「膽怯」、「害怕」與「恐懼」，更無法於面對大眾時侃侃而談。

過去，當我還是大專生時，常於清晨拿著「國語日報」坐在操場司令台階朗讀，或站立於台上練習演講，而引來運動者的側目眼光；但自我鞭策、積極實踐，豈不是達成目標的原動力？

其實，演講的機會到處皆是。從今天起，上課老師問有沒有問題時，別忘了一定要第一個舉手，表達您的看法；開會時，也爭取發言機會，闡述己見。同時，明天清晨五點半，請到您府上陽台，或附近學校操場司令台，以「我的生涯規劃」或

要克服膽怯與恐懼，才能學會游泳，才能學會口才！

「令我最感動的一件事」發表十分鐘演講；抑或將公司「業務報告」演練三次，相信改天上台報告時，您必能胸有成竹，應付自如。

理念運用

請您待會兒就拿起報紙新聞或散文，清楚地、感性地朗讀它吧！每天朗讀至少三十分鐘。記得——「練習、練習、再練習」！

其實，報紙、雜誌、期刊或書籍，都有很好的文字內容，只要您有心，不妨翻開來，選擇其中幾篇，大聲朗讀出來。不要怕被笑，自己每天找時間練習半小時、一小時，您就會習慣開口說話和表達。

我站中將校長、縣長前演講……

在服兵役時，

我負責後備軍人點召，

以及小組訓練的政令宣導、軍歌教唱，

必須拿麥克風上台講話，

有時也要頒發保險套；

不過，這把我訓練得站在講台上更有自信！

在鳳山衛武營的六週政戰預官入伍訓練中，除了第一週和最後一週外，我一共參加了四次演講比賽，參賽的政戰預官們，都是各大專院校的「名嘴」，許多人還是「演辯社」、「立言社」的社長。我從未參加過什麼演辯社團，也非滔滔雄辯者，只以戰戰兢兢的心努力準備；結果，從初賽、複賽、決賽到總決賽，每次都拿第一名，所以每週都放榮譽假，快樂得很。

後來到復興崗接受政戰專科教育，我也常被指派於國定節日的集會中上台演講。記得有一個艷陽天，全校師生在大操場集合紀念國父誕辰，我奉命上台演講，旁邊站的是中將校長，台下還有許多少將、上校……。個子不高的我，被指定站在講台上演講，心裡感到既緊張又驕傲，那是一個榮耀。

結訓後，我抽了個好籤，分發到宜蘭團管區。一年半中，我的工作就是巡迴宜蘭十二個鄉鎮市，負責後備軍人點召時的政令宣導和軍歌教唱。我們經常一大早載著四、五台電視機和錄影機，到各鄉鎮的後備軍人點召中，播放總統的講話，也播放家庭計劃錄影帶，告訴後備軍人在家不要太努力「增產報國」；然後，再配合衛生所舉

行「有獎問答」，答對者——保險套一整包，所以我也常忙著「頒發」保險套。

電視看累了，令人發笑的家庭計劃搶答也結束，再來就是軍歌教唱。退伍多年的後備軍人似乎久未活動筋骨，但是在「一、二、一、二」的答數口令中，都回憶起往日當兵的情景。在踏步與「雄壯、威武、嚴肅、剛直……」聲中，有人一臉無奈與不願，有人則是面露微笑，興致盎然地大聲答數、唱軍歌。

另外，我有時也得籌辦宜蘭縣黨政軍聯席會議。有一次，管區中校政戰主任臨時有事，無法在聯席會議中做專題報告，指定我出場「代打」。我一個小小少尉預官臨危授命，上台演講一小時，台下坐的是縣長陳定南、十二位鄉鎮市長、及一大群黨政軍代表。雖事隔二十多年，此景仍歷歷在目。

團管區政戰官的一年半服役中，我從來不知行軍是什麼滋味，也沒打什麼靶，只負責管電視機、錄影機，和拿麥克風上台講話，不過，也因為如此，我被訓練得站在講台上更有自信。後來，我在華視擔任採訪記者，以及後來在大學擔任口語傳播系主任，似乎都得感謝當兵時的口語表達訓練。

佳言笑譚，也是智慧話語

我最怕人家叫我「馬子」

隨時傾聽，並記錄他人智慧的話語，
回家後整理、歸類，
再利用各種機會不斷地演練，
您的頭腦一定會成為一個「語彙大瀑布」，
精彩話題必將源源而來，
而且，也不必再害怕詞窮。

多年前，周聯華牧師曾邀集一些朋友共同「腦力激盪」，策畫如何慶祝年底的聖誕節活動。當大夥兒在聊天時，茶壺的水快開了，所以整壺水咯咯作響，此時，周牧師對我說：「你看，這就叫『響水不滾、滾水不響』；會響的水一定還沒開，而已經開的水，就不會再叫了！」當時，我拿出紙筆，把周牧師的話記下。

台中市長胡志強在擔任新聞局長時，曾宴請教授們餐敘；席間，胡局長談到近年綁架案日增，不過好像以「綁架小孩」居多，因父母疼愛小孩，會急得把小孩贖回來。其次，也有「綁架先生」的，像吳東亮、許明傳等綁架案，因太太愛先生，也會急得到處籌錢贖回先生。胡局長接著說，倒是「綁架太太」的似乎不太多，大概是有些先生如果知道太太被綁勒贖一千萬，就會跟綁匪說：「拜託、拜託，我給你兩千萬，求求你不要把她送回來！」

在座來賓聽了，無不哄堂大笑，我亦將胡局長的笑話記下。

❀

前國民黨祕書長許水德也在一次宴席中說，夫妻相處之道如同「放風箏」，太

太應使先生如風箏般地自由飛翔；不過，風箏線必須拉得牢，緊緊抓住，否則一鬆手，風箏就會隨風飄逝、遠去。可是，太太也不能管先生管得太嚴、太緊，就像把風箏拉得太近，一定馬上快速旋轉、嗚呼墜地！許祕書長所說的「風箏哲學」頗有哲理，我也習慣性地持筆記下來。

有一次，本名馬國光的名作家亮軒開玩笑地說：**「我最怕參加『馬氏宗親會』了，到那邊一看，全部都是馬，一大堆都是馬臉！」**

而文化大學新聞暨傳播學院院長、監委黃肇珩的先生馬驥伸則說過——**有人姓孔，被叫成「孔子」，姓莊就被叫為「莊子」，「而我最怕人家叫我『馬子』！」**

我喜歡把別人智慧的話語、笑話，隨手筆記，回家後立即抄錄在卡片上，分類歸檔，然後在課堂上或其他場合與他人分享。許多人自認為不擅言詞，然而學習隨時「傾聽」並「記錄」他人佳言笑譚，再利用各種機會不斷演練，應是自我訓練「說話藝術」與「口語傳播」之良策。

夫妻相處，如同放風箏，太嚴、太緊，就會嗚呼墜地！

口才自我練習術

你也可以是「名嘴」！

平常許多令人發噱的話題、有趣的對話、
發人深省的名言或故事，
都在我們四周不斷出現，
只是一般人沒有習慣加以記錄、收集，
或沒找機會練習說給別人聽罷了。

在一個有關大陸問題的集會中，巧遇一位五年未見的朋友。此老兄以前給人的印象是忠厚老實、木訥寡言、不善辭令；但在這次聚會的餐敘中，卻一改過去形象，發揮「說話魅力」，令人印象深刻。

這老兄說，最近台胞前往大陸投資的人愈來愈多，有很多老闆或職員在大陸一待就是幾個月、半年；由於單身在外，孤獨難耐，就產成男女之間「性」的問題。有人找伴同居，有人花錢找女性解悶，但因大陸對非法的性交易取締甚嚴，萬一被抓到，台胞證上一定會被蓋上「嫖客」的戳記。

有一次，一台胞不幸被公安人員逮到，台胞證被蓋上「嫖客」的戳記，心裡非常緊張，只好花三萬元人民幣，找熟人走後門，盼能將台胞證上「嫖客」的字樣除去。兩星期後，對方答覆：沒辦法，公安人員鐵面無私，說什麼也做不到。

後來一大陸年輕人主動跑來說，他只要兩萬元人民幣，保證能改掉「嫖客」兩字，此台胞就欣然付了兩萬塊。兩週後，大陸人終於有回音了，台胞問：「改好了嗎？」大陸人說：「沒問題，改好了！」

台胞趕快拿過證件，一看，上面加一個字——「非」嫖客，以證明其清白。

餐桌上的來賓聽了這故事，一陣爆笑。事後這位久未見面的朋友說，他每天閱報、看雜誌、收集許多好玩有趣的笑話，就整理成一冊，經常在不同場所或電話中，向其他人練習說笑話。

❁

當然，說笑話首要條件是「自己不會笑」，否則還沒講到精彩處，自己就笑得嘴都合不攏，則別人會覺得莫名其妙。其實，不只是「看來的」文字笑話可以收集，連平常「聽來的」，或日常生活中發生的，都可以細心地寫在卡片上，讓自己不斷有機會複習，以便在各種場合中，發揮令人愉悅的說話魅力。

那位朋友後來又在聊天時說，有一次他們去登山，一隊友尿急，就告訴領隊要到岩石後「上一號」；過了好一陣子，還不見此隊友歸隊。領隊正在納悶想去找他時，只見此隊友的褲襠濕了一大片，紅著臉、不好意思地從岩石後走出來。領隊問他怎麼啦？隊友一副無奈地說：「沒什麼啦！只是風向突然改變而已啦！」

有很多人羨慕名嘴侃侃而談，說得令在座捧腹大笑，但是在羨慕之餘，卻不知口才也是可以練習而得。平常許多令人發噱的話題、有趣的對話、發人深省的名言或故事，都在我們四周不斷出現，只是一般人沒有習慣加以記錄、收集，或沒找機會練習說給別人聽罷了。

這星期上課時，一男同學以「誠實」為題，發表一篇短講。他說，有一次同學們一起搭公車，大夥兒亂烘烘地上車，突然司機查覺有人沒投錢幣，於是司機說，大家要誠實，沒投錢的趕快投錢，他才要開車。此時不知誰放個屁，異味令人難受，一學生調皮地說：「放屁的人沒有投錢！」

不料一女生很無辜地說：「人家有投錢啦！」

理念運用

請養成把笑話記錄在「小卡片」的習慣，以方便隨時拿出來看，並且每天說三個笑話給朋友聽。

談「開場白」與「致詞文化」

做個幽默、風趣的開場白

在一般的演說與致詞時，
「開場白」往往是可否吸引聽眾的重要關鍵；
一個幽默、風趣的開場白，
可以打破演講者與聽眾之間，
原本陌生、尷尬的氣氛；
使現場氣氛不再僵硬、沉悶。

華視前新聞部經理趙怡，曾應世新學院口語傳播系邀請發表演講。主持人在介紹主講人時，特別提到——趙怡先生原本是一名「台灣最有價值的單身漢」，不過很可惜，趙怡前一陣子已經結婚了……

趙怡經理一上台演講時說：「我本來以為自己是最有價值的單身漢，結婚當天一定會有很多女子為我悲泣、上吊或跳樓，沒想到結婚隔天，我找遍了所有報紙，居然全台灣平靜如常，沒有任何新聞報導說有女子為我跳樓！」

趙怡的開場白，引來全場的笑聲。

在一般的演說與致詞時，「開場白」往往是可否吸引聽眾的重要關鍵。一個幽默、風趣的開場白，可以打破演講者與聽眾之間原本「陌生、尷尬」的氣氛，進而拉近雙方的距離。

能夠在口語表達中做幽默的開場白者，最能獲得聽眾的好感，並吸引其注意力。所以有人說，應儘可能在開場白的三十秒到一分鐘之內，贏得聽眾的笑聲及掌聲，否則就不算是厲害、高竿的「名嘴」。

不過，當我們看到一般政府首長的開會致詞和開場白時，經常是千篇一律地按稿子照唸，而這些稿子都是屬下代擬，內容也常是八股老舊的一套，以致政府首長的形象大打折扣。

最近有一場某高級黨工的專題演講，他一開始就站立著說：「×社長、各位女士、各位先生，我本來是應該站著演講，但是我看三家電視台的麥克風都放在桌上，所以為了尊重媒體，我是不是可以『坐著』演講。」說完，這高級黨工就坐下來，不慌不忙地從西裝裡拿出一疊厚厚的演講稿，放在桌上，開始他的專題演講：「×社長、各位女士、各位先生……」天啦，他竟然把剛才已說過的「稱謂」又重新照唸一次，真是被他打敗！

❀

在國內的「長官致詞文化」中，似乎長官致詞、演講只是應酬式的排場，其「不知所云」地唸稿，既無幽默感，也對會議品質或聽眾素質沒有一絲提升作用。

以前許多人談「大有為政府」，現在則流行致詞中說「全方位政府」、「全方

幽默、風趣的開場白，可以快速拉近距離。

位思考」。在一場民眾集會中，就有人站起來說，請政府首長們不要開口閉口都是說「全方位」好不好？「全方位」講多了不就是「沒方位」？「沒有方位」就是「Anyway」！全體聽者莫不哄堂大笑。

理念運用

有空時，自己不妨設計幾套別出心裁的「開場白」或「自我介紹詞」，以備不時之需。而且，開場白必須儘可能是「輕鬆、幽默、風趣」的內容，切記不要太過於嚴肅、八股。

開放式、啟發式教學的口語訓練

「想激情又怕懷孕！」

「填鴨式」、「單向封閉式」教學，
只要求學生背誦、記憶，
使學生拙於言詞，缺乏自我表達能力；
而「開放式、啟發式、激勵式」的教學，
則使學生在輕鬆中相互「腦力激盪」，
創造出許多極富創意的答案……

走進「溝通心理學」課堂教室時，全班六十多位同學已經按往例，將座椅排成八個圓圈圈，大家分組輕鬆地就座。我閒聊式地開場後，就進入上課主題：「今天我們來討論『**人際知覺**』。這個主題是談到，一個人對他人的印象或判斷，常取決於他對他人的主觀判斷；例如，看到漂亮的女孩子，就覺得她可能家教不錯、比較聰明。現在，大家以『我』為對象，看看你對我的印象及判斷是怎麼樣？」

我的問題拋出去之後，就有三、四位同學舉手，搶著發言。我點了一名女生，她說：「看到老師戴眼鏡，又有博士學位，一定很有學問。」

另一男生，直接站起來說：「看到老師臉上長了一些青春痘，就知道老師一定是內分泌失調！」

「看到老師年紀這麼大，還沒有結婚，一定很孤單、寂寞。」一女生假裝害羞、以嗲嗲的聲音說道。

也有一男生調皮地說：「看到老師還沒結婚，可以聯想推測老師很可能有『隱

疾』……」

同學們七嘴八舌地搶著回答，每個有「創意」的答案，都讓其他同學們笑翻天。這門課，是同學們感覺到最輕鬆、最沒有壓力，又可以暢所欲言的課，而一半的同學都是來自外系。

「好啦，我們換個討論主題吧！」我說：「我們來研究一下，什叫做『**趨避衝突理論**』？所謂『趨避衝突』，就是既想趨近、又想迴避，以致心理產生了矛盾和衝突。譬如想吃蛋糕，又怕發胖；想吃糖，又怕蛀牙；想脫黨競選，又怕選不上，也被開除黨籍……。現在，我們來想想看，還有那些是『趨避衝突』的例子？」

我話一說完，就有五、六個同學同時舉手。一男生得意地大聲說：「這還不簡單，就是『想激情、又怕懷孕』嘛！」這個答案，把大夥兒笑得前俯後仰。

「老師！」一女生要求發言：「這就是『想美容整型，又怕臉蛋變形』！」

「『趨避衝突』就是——『想嫖妓、又怕得愛滋病！』」

「想作弊、又怕被老師抓到。」

「想戀愛、又怕受傷害。」

「想蹺課、又怕老師點名。」

許多意想不到的有趣答案，竟在同學們的腦力激盪下，源源不絕地呈現，使整個課堂不斷出現笑聲。

一般的台灣學生不擅於言辭，不敢公開表達，與我們長期教學方式有絕對關係。「填鴨式」、「單向封閉式」的教學，只要求學生背誦、記憶，使學生缺乏自我表達能力，也不敢與人溝通，造成「自信心喪失」或「拙於言詞」。**「開放式、啟發式」的教學，使學生們有更豐富、更活潑的「思考力」與「創造力」，也在任何場合的口語表達中，顯得更有自信。**

理念運用

請隨意舉些題目（例如：「正義感」、「同情心」、「趨避衝突」……），與好朋友做「腦力激盪」的聯想與口語表達練習。

第四篇

名人說話解析

——表達精采，贏得喝采

「同理心」、「缺陷美」魅力大

柯林頓的說話高招

「同理心」是一種令人愉悅的人格特質，
可使人感覺語言的溫馨；
而「帶有缺陷的完美」，
更流露出人性化的一面，
這兩種人格特質，
都是增進人際吸引的重要因素。

前美國總統柯林頓在慶祝他上任第二個月時，開放白宮東廂，與四十名小朋友進行一場「小朋友問，柯林頓總統答」的兒童電視特別節目。此節目由美國ABC廣播公司負責現場實況轉播，獲選參加節目的小朋友包括「正在戒毒的小癮君子、華府街頭的流浪少女、和罹患愛滋病的小男童……」

當九歲大的威利問柯林頓，小時候哪一科目成績最差時，柯林頓說：「我的操行成績最差，因為我太愛講話，老師老是叫我不要講話。」柯林頓的回答，引起全部小朋友的哄堂大笑。

另一位來自芝加哥貧民區學童克魯茲對柯林頓說，他每天去上學時都很害怕，因為「我不知道自己今天會發生什麼事？」柯林頓聽了，收起他輕鬆的話匣和笑容，嚴肅沉重地說：「我知道現在小孩過的日子比以前還要難過，因為以前沒有人需要擔心毒品、槍枝和綁架；不過，我知道如果你接受良好教育，努力用功，就沒有人可以欺負你，將來你就可以有更好的生活環境。」

柯林頓總統的確是一位善於溝通的高手，他所表現出來的「同理心」與「人化特質」，緊緊扣住了小朋友的心——「原來總統小時候也是愛講話、操行成績很差，和我們一樣嘛！」

當柯林頓「認同」小朋友現在治安不好，必須擔心毒品、槍枝和綁架時，小朋友發現，總統和他們是「同一國的」，站在他們的立場想問題。柯林頓展現出的「高度同理心」，使小朋友在不知不覺中感受到他「令人愉悅的人格特質」，所以聽起話來感受特別溫馨。

從另一角度來看，**柯林頓在小朋友面前坦述自己「操行差」、「愛講話」，更增強他「帶有缺陷的完美」的親切形象；因為一個能力極強或幾近完美的人，若亦顯露出「人性的瑕疵」時，會比一個完美無缺、神聖不可攀的人更討人喜歡。**因此，假如咱們「小馬哥」一時說錯了話、脹紅了臉，或在慢跑時不小心滑跌一跤，可能會有更多的女生迷死他、愛死他，因「他畢竟也是人」，也會和我們一樣有小失誤的時候！

讚美是「言語酬賞」，可滿足自尊需求

令人愉悅的說話藝術

每個人都希望能得到他人的肯定與讚美，
以滿足「自尊需求」；
因此，多誇讚別人，
會使對方感覺獲得「酬賞」，而心生感激。
但是，若誇讚的特質，是對方所欠缺的，
則可能會令人有「被諷刺」之感。

前總統府資政李國鼎先生，曾直言批評「十二項建設」指出，政府預算赤字已十分龐大，又要推動穿越中央山脈的中橫快速公路，等於是在建「萬里長城」，不能不慎重。當時的新聞局長胡志強隨後在記者會的開場白表示：李資政對連戰院長所提的十二項建設「有所指教」，一定是出於「善意的關切」，行政院深表感謝並會重視……

心理學大師馬斯洛曾提出著名的「需求層次理論」（Need Hierarchy Theory），說明人的需求可分為「生理」、「安全感」、「愛與被愛」、「自尊」和「自我實現」等五種層次；其中，從他人話語中獲得肯定、讚美或尊敬，即是第四層次的「自尊需求」獲得滿足。胡局長說「李資政對十二項建設有所指教，一定是出於善意的關切……」一語，的確是高明的說話藝術，使批評者或質疑者獲得尊重與讚美的自尊需求。

有一次，筆者與胡局長應邀在電視上討論某一主題，節目中，胡局長即不斷提及：「戴主任對新聞局常常有所指教」、「戴主任對這個問題非常有研究，我想他

妻：「我是不是該減肥了？」

夫：「不，是地板太舊，該換了！」

一定會同意……」胡局長話這麼一講，我想，完了，完了，好像我就不得不同意他的話，否則我就是「沒有研究」。

胡局長類似的「招數」不少，所以經常減少了雙方立場的分歧與敵意。基本上，人對於他人的稱讚永遠不嫌多，也會對肯定及誇讚我們的人產生好感，亦即那些言語滿足「自我尊嚴需求」的緣故。

相反的，若以貶損他人、降低對方自尊的話語，來提高自己，則會使對方生氣、震怒。譬如，一立委在記者會中大聲指稱總統府某要人為「小癟三」，介入空警隊直升機採購案，也說「不要搞出一個小弟弟來告本大委員」。如此用語，對方一定「恨之入骨」，因為，其基本的「自尊需求」被完全抹煞，甚至覺得被踩於腳底下。

❀

「人際溝通理論」強調，人們喜歡他人給自己帶來言語上的「酬賞」；唯有他人對自我有正面的肯定與評價，個人才能獲得「自我尊嚴感」。

聽說，最近有一對夫妻吵架吵得很兇，要鬧離婚！為什麼？因為當太太興高采烈地詢問先生對她隆乳後有何感覺時，先生冷冷地說：「皮薄餡多！」

您看，這不就是沒有滿足太太的「自尊需求」？

理念運用

溝通時，人人都得學習如何滿足對方的「自尊需求」——給予肯定、稱讚與正面的評價！

其實，不管是男人、女人、大人、小孩，每個人都希望「自尊需求」獲得滿足，也希望得到「正面的語言酬賞」；當然，「酬賞」有的還包括眼神、微笑、拍肩、或是公開的讚揚……

小心「投射作用」引發誤判

沒有人相信你會有出息啦!?

許多人常會將自己的意見，
擴大解釋為大部份人的意見，
或是，想當然爾地認為，
自己是正確的，別人不對。
可是，這種「投射作用」，
經常造成錯誤的判斷。

多年前，國民黨李登輝主席曾在黨內會議中，對民進黨提出批評，認為「沒有人相信民進黨能領導中華民國」，因此引起民進黨的強烈反彈。

心理學家弗洛依德認為，人際判斷時常會有「投射作用」，亦即一個人常不知不覺的將自我意識，「推己及人」地投射到外界或他人。也許李登輝「個人」認為民進黨尚無執政的能力，但他將此觀念投射到「所有人」，所以就成為——「沒有人相信民進黨能領導中華民國」。

以前，也有一位台大學生與「小虎隊」的乖乖虎蘇有朋是同學，這學生就常說：「哎呀，沒有人相信蘇有朋可以在四年內唸完台大啦，他每天唱歌作秀，哪有時間唸書……」

其實，是說這句話的同學自己先「不相信蘇有朋能在四年內唸完台大」，再將此心態「投射」到其他所有人身上。

心理學家指出，人常對某些人或團體存有「刻板印象」，但假如我們常以刻板印象來判斷或批評他人，就會有「過度概括」（overgeneralizing）的毛病；因為

「刻板印象」與「偏見」是鄰居，若將帶有偏見的想法「投射」到他人，則很可能失之偏頗。一位大學教授曾盛怒地對一頑皮搗蛋的學生說：「沒有人相信你這種人會有出息的啦！你如果有出息，我的頭就給你當椅子坐。」結果這學生畢業後，在商場上大有成就。

心理學家指出，「高權威主義者」多認為，他人的信念和態度應與自己相同，所以常將個人意見做「投射他人」的判斷。例如，國民黨說，民進黨在辜汪會談時鬧場，真是「貽笑國際」；民進黨動不動就動粗打架，一定會被「全體選民」唾棄！民進黨也說，國民黨金權政治氾濫，「所有民眾」都會用選票來表示他們的痛恨！

不過，心理實驗發現，「高權威主義者」的錯誤判斷，會多於「低權威主義者」，因高權威主義者不信異己，「想當然爾」地認為自己絕對正確，別人不對。

譬如權威學者批評電視：「這種爛節目，沒有人會看啦！」結果還是很多人喜歡

看。「看妳坐無坐相、站無站相、又好吃懶做，沒有人敢娶妳的！」沒想到她卻眼睜睜地被有錢老公娶走，而且還被疼得像心肝寶貝一樣。

也有一張太太看到新粉刷的牆壁被兒子用銅板刮一道痕，很生氣地說：「等你爸爸回來看到了，你就知道你爸爸的厲害了，看他怎麼揍你！」

兒子說：「爸爸已經知道了！」

「你爸爸知道了？他怎麼說？」媽媽問。

「爸爸說，等你媽媽回來看到了，你就知道你媽媽的厲害了，看她怎麼揍你！」

嘻，這豈不也是「投射作用」？

理念運用

您以後不妨多留心觀察一下，看看自己或別人是不是也常在說話時有「投射作用」的現象？我們在說話時，也必須更加小心，以避免造成「過度概括」或「誇大不實」的現象。

「自我合理化」與「自圓其說」

我不記得說過我愛妳啊！

人對於自我的形象有維持「一致性」的傾向，
當外界的質疑和自我認知不一致時，
內心會產生不安與緊張，
以致於在說話時，採取「否認」或「不知道」，
來面對他人的質疑，
並減低心中的不安與焦慮。

前捷運局長賴世聲因火燒車事件而提出辭呈，並面對電視攝影機堅定地表示，他不願意再到議會讓人指著罵說「你還站在這裡幹什麼」，因為個人的責任、榮譽重於生命。不過，經過與黃大洲市長密談後，賴世聲的辭意已打消，態度也做了調整而繼續上班；至於他在電視上說「不再踏進議會一步」的事，賴世聲表示，他「不記得說過那樣的話」。（P.S.後來黃市長已批准賴的辭呈）

心理學大師弗洛依德指出，人在面對外來的壓力、質疑與威脅時，會產生「防衛機制」（Defense mechanism），來適應挫折或減低自身的焦慮與不安；而「否認」（Denial）和「偽裝」（Disguise）即是最常使用的防衛機制形式。有人為了保護自己不受到事實的傷害，減少內心的不安，就「否認」事實的存在；也有人利用內在、外在的「偽裝」，來掩飾自己的情緒狀態，以減低焦慮，並提高個人自尊。

心理學者指出，人對於自我的形象有維持「一致性」（Consistency）的傾向，當外界的看法與評論與自我的認知不一致時，內心就會產生不安、緊張的感

覺；這種感覺會使人採取某些行動（如否認、偽裝），來減低心中的不安與緊張。

事實上，很多觀眾在電視上聽到賴世聲說他「不願意再回到議會」，但是為了尋求「合理化自我」與「自圓其說」，賴世聲沒有直接「否認」他說過那句話，而改口說「不記得說過那樣的話」，來維持他繼續上班的「自我形象一致性」。

其實，賴世聲辭意打消，很明顯的是因黃大洲懇切挽留，但若對自己一天前說過的話答以「不記得」，則令人有「說話反反覆覆」的感覺。就像男女婚前甜言蜜語、猛說「愛死妳」，可是婚後吵架時卻說：「我不記得說過我愛妳啊！」

說話反覆，前後不一的原因不盡相同；有人精神出問題，喃喃自語自娛，有人真的老得記憶力極差，昨天說，今天忘。也有人因團體或上級的壓力，必須一夕改口，否認昨天說過的話；這種人用心一定充滿矛盾與煎熬，值得真心同情。

理念運用

說話時，應重誠信，也應避免予人「反覆無常」、「前後不一」的感覺。

讓台上的表現，符合「角色期待」

如何讓台下觀眾「掌聲響起」？

在人生舞台上，

人們的言談舉止若符合觀眾的「角色期待」，

就會獲得熱烈的喝采與掌聲；

相反地，若表現不符合要求和期待，

就可能會招來噓聲，或是遭到批評與指責。

先前，筆者提及前法務部長馬英九曾在「肅貪行動協調會議」中，以堅定的語氣強調，政府有決心與魄力向貪瀆開刀。而這項肅貪行動不僅要打「蒼蠅」，也要打「老虎」；同時，「只許成功，不許失敗」。

馬英九並引用胡適之在推行白話文學時所做的「烏鴉」這首詩指出：「人家說我不吉利，我不會呢呢喃喃的討人家歡喜」；馬英九表示，肅貪就像是烏鴉，雖然其不斷呱呱叫的聲音不討人喜歡，也讓少數人不舒服，但對國家是有利的。

馬英九引用胡適之的詩句，自創「烏鴉論」來期勉法務人員，頓時成為媒體注目的焦點。社會學家指出，民眾對在位者都有「角色期待」（Role Expectation），希望其言行表現符合職位角色；如果其實際表現不符合要求與期待，就會受到處罰或烙印上「污名」（stigma）。馬英九公開強調肅貪的決心，正顯示他回應民眾的「角色期待」。

❁

「角色理論」（Role Theory）也指出，當人們的表現「符合角色期待」時，

「敬祝大家，母親（停頓、翻頁）節——快樂！」

就可能會得到有形和無形的「酬賞」；所以在此金權掛鉤、貪瀆歪風盛行時，馬英九肅貪的宣示，立即獲得媒體青睞與民眾喝采的「酬賞」。這樣的酬賞，強化了馬英九的「正面形象」，也增加民眾對他的好感與信賴感。

馬英九在期勉與會者「寧為烏鴉」時，將胡適之的詩背下來，不看講稿地把「烏鴉」的比喻緩緩陳述；當他談到「向貪瀆開刀」時，則緊握拳頭，並以「鏗鏘有力」的語氣強調貫徹肅貪的決心與魄力。而馬英九的部長身分、令人愉悅的人格特質、俊帥的外表、豐富的手勢、堅定的語氣、以及令人振奮的肅貪宣示，都大大提升其「可信度」與「權威感」，也符合「成功傳播者的吸引力」的要件。

❀

許多政治人物口才不佳，致詞或演講時，只是低頭看稿照唸，臉部表情呆滯僵硬、不帶一絲感情，如木頭人一般，有時自己亦唸得不知所云；最後結語時也唸著：「敬祝大家，母親（停頓、翻下頁）節——快樂！」真是令人搖頭！

其實，馬英九的國語不算很標準，但其演講魅力除了「帥呆了」之外，亦來自

他將演講稿融會貫通，以誠懇、自然、帶有感情的方式，發表別人不敢言的魄力宣示；而他「言之有物」的凜然講詞，正符合民眾的「角色期待」。

理念運用

我們每個人都正在扮演某種或多種的「角色」，而許多人也都正在注視我們、評價我們，對我們都有「角色期待」。因此，我們所說的話，必須符合別人對我們的「角色期待」（適時且適宜），才能獲得掌聲與喝采！

同時，我們也可以學習讓自己擁有更多「成功傳播者的吸引力」，也就是在公開表達時，展現出——令人愉悅的人格特質，面帶微笑、自信、豐富的手勢、聲調變化、堅定語氣……

美麗的承諾，或許會幻滅！

嫁給我，我就會愛妳一輩子

小姪子因他爸爸答應帶他去麥當勞，
卻因其他要事無法成行而氣惱一下午。
小姪子的氣惱是可理解的，
因他爸爸給他的「承諾」，
早已為他勾勒出美麗的「憧憬」，
如今卻突然幻滅……

前總統李登輝在就職三周年記者會中答覆記者問題時表示，當初在國民大會選舉正副總統時所說：「我當選總統六年期間，我帶大家回大陸去」，乃是「勉勵大家的話」；但六年中有無此種機會，「我自己事實上不清楚」。

從語意學觀點看，李總統的「勉勵」，可視為一種「指導性語言」。

語意學家早川博士在「語言與人生」一書中提及，語言有其「指導性作用」（Directive uses of language），可對將來事物產生相當大的「控制力」，亦能影響他人從事某些行為。因此，我們常聽到「只要買××牌洗髮精，保證頭髮烏黑亮麗，去頭皮屑、止頭皮癢」；「開××牌轎車，你將享受帝王般的尊榮」；「投我一票，保證減稅、加薪」；「只要我當選，保證發給老人年金，每個月五千元！」

❋

語意學家認為，差不多所有「指導性語言」都會提到「未來」，並帶著「承諾」；這些語言以明示或暗示，為聽者勾畫出美麗的「地圖」和「憧憬」。當父母對小孩說：「只要你考第一名，就帶你去旅行」，這種指導性「勉勵的話」，給小

孩無限憧憬而努力用功。

當然，有些「指導性語言」的承諾兌現了，小孩興高采烈地和父母去旅行；但有些承諾卻是空頭支票。房地產廣告商說「十分鐘可以到達市區」，但那是救護車或直升機的速度；有人買了某洗髮精，頭髮沒有烏黑亮麗，頭皮屑還是一樣多，使他「始終覺得好糗」。所以「指導性語言」的美麗承諾可能只是「地圖輪廓」，而非實景，它或許會幻滅，**就如男士婚前告訴女孩說：「只要妳嫁給我，我就會愛妳一輩子！」但是婚後感情生變時則說：「那只是勉勵妳的話。」**

也因此，我們必須了解，許多「指導性語言的承諾」常有可能會幻滅，也可能不會實現。所以，許多人看到警察也會包娼包賭、擄人勒索時不再震驚，因他們已逐漸習慣「警察是人民的保母」只是一句「勉勵大家的話」，是「指導性口號」，但不一定是顛撲不破的真理。

人，必須學習在說出「指導性語言」之後，兌現其「承諾」；但也必須學習在他人的承諾萬一幻滅後，試著適應它可能帶來的無情衝擊。

「雙輸」與「責任分散」的說詞

台灣男人沒有不上酒家的!?

如果外在形勢不利於己時，
有人常採破壞性的「雙輸策略」——
意即把「對方拖下水」、
「要死也要找個做伴的」，
反正我不能贏，你也別想贏……
或是把責任「分散」給其他人，一起分擔。

多年前，行政院副院長、國民黨中常委徐立德曾在接受美國時代周刊訪問時表示，在台灣鄉村地區，兩黨（國民黨、民進黨）「普遍都有送禮物給選民，以動員選民」。此語引起民進黨反彈，並表示將追究徐立德的責任。

談判時有一種「雙贏策略」，意即為了達成協議，大家各退讓一步，使雙方都有小贏、皆大歡喜。但如果外在形勢不利於己時，有人則採「破壞性」的「雙輸策略」（Loss-loss strategy）；也就是當我贏不了時，我也要你一起輸，反正大家都別想贏。所以，你別笑我，「兩黨都有送禮物給選民」，你沒有比我好到哪裡，大家都一樣，都有送禮！

一老師質問學生，考試為什麼作弊？學生回答說：「班上有十多人都作弊，又不是只有我一個而已。」

母親問孩子，怎麼數學考不及格？孩子說：「我們全班沒有幾個及格啊！」

❀

「雙輸策略」有時也是一種「責任分散」。「責任分散理論」指出，人在遇到

「雙輸策略」——當我贏不了時，我也要你一起輸！

外界的壓力與責難時，常會把責任「分散」到其他成員，叫大家一起承擔責任，以減低自己的「罪惡感」、「恐懼感」和「心理壓力」。換句話說，把一個人或一群人一起「拖下水」，自我單獨的責任就減少了、分散了，也模糊了——「反正大家都作弊，都不及格，都有送禮買票，又不是只有我。」

當前民進黨主席許信良被人質疑怎麼可以上酒家時，他振振有詞地說：「台灣男人沒有不上酒家的！」這句話可說是「責任分散理論」的最佳範例，所以應頒給許信良「最佳理論實踐獎」。

後來，藝人成龍在被質疑婚姻的忠誠度時，他也說：「我犯了全天下男人都會犯的錯……」這，不也就是「責任分散」的心態？

理念運用

很多台灣男人一定會大聲說：「我沒有上過酒家！」的確，「雙輸」、「責任分散」式的說詞，常「拖別人下水」，但也可能遭致強烈的質疑與批評。

小心「揶揄」變成「污衊」

你是不是「老狐狸精」？

有些人在現實利害相衝突時，
常把「語言」當成工具，
來破壞或詆毀他人的形象，
例如在打選戰時，
甲男指稱乙女是「老狐狸精」……

多年前，省議員林仙保，於國民黨高雄縣長提名人黃八野成立競選總部演說中，揶揄余陳月瑛縣長是「老狐狸精」。事後又說「老狐狸精」，乃是讚美、恭維的話，表示她老謀深算、精明能幹。不過此說詞不被對方接受。立委余政憲說，他將請教文化總會李登輝會長與中文系教授，看看「老狐狸精」是否為讚美的話？

從社會學角度而言，「老狐狸精」一詞是一種「標籤」，而這種「負面標籤」被貼在某人身上時，會「導引」他人產生負面的判斷與印象；例如「不正經的女人」、「色誘男人」、「妖艷淫蕩」、「狡猾害人」……等負面的聯想，致使「被貼標籤者」產生震怒或不悅。正如指稱他人是「奸商」、「老色狼」、「紅杏出牆」、「不守婦道」……都會使聽者不高興，因為這些「負面標籤用語」，可能使被貼標籤者遭人鄙視、嘲笑或貶抑。

心理學中也有一名詞為「工具性攻擊行為」，意指個人為了達到目標或獲得稀有資源，常藉著傷害他人的攻擊行為來贏得勝利。當有人說一女人是「老狐狸精」

「原來，你媽媽真的是狐狸精耶！」

時，算是一種「語言攻擊行為」，它的目的不在發洩忿怒的情緒，而是為了贏得選舉勝利的「攻擊手段」。**心理學者指出，「工具性攻擊行為」經常是發生在個人或團體的現實利益相衝突之時，亦即以「語言」為工具，來破壞他人的形象。**

❁

其實，政治人物有空時，都應該唸唸「語意學」和「修辭學」，因為說某女人是「老狐狸精」絕對不是客觀或可查證的「報導」，而是一種夾雜個人主觀好惡的「判斷」，或是顯出個人情緒化的「論斷」與「批評」。這種語言和用詞，或許只是無心脫口而出，但是常會被聽者認為是一種「侮辱」、「污衊」。

不過，從另一方面來說，政治人物若能放開點胸襟，不斤斤計較他人無心之過，未嘗不是一種「寬恕」。

在課堂上，曾有一女學生說：「我爸爸就經常說我媽是『狐狸精』，這表示他們之間的親密啊！」這句話使我獲益良多，因為「狐狸精」一語，在不同的場合，竟也是「親密之語」啊！

「雙趨衝突」——要面子？還是裡子？

她嫁給了「賓士叔叔」！

許多人被迫在「魚與熊掌」中選擇其一時，常會儘量誇讚自己所選擇的是「甜檸檬」，而批評其所放棄的是「酸葡萄」，以減少內心的挫折，並使心理獲得平衡。

前行政院長連戰曾以「度假外交」之名前往馬來西亞，但其以低姿態「偷偷出境」，迴避媒體採訪攝影的做法，引起諸多議論。當時外交部長錢復被詢及此事的感受時說，「我內心也十分痛苦」；但如果問我們要面子，還是裡子？他的選擇是「我要裡子，不要面子」。錢復表示，雖然低姿態、不曝光的作法不正式，也不重視國際禮儀，但是「方式」並不重要，重要的是「實際效果」。

心理學中有一「雙趨衝突理論」（Approach–approach conflict），**即在「魚與熊掌」都極具吸引力、但卻只能選擇一項時，心中會產生「左右為難」的掙扎與衝突**；所以若一定要在「面子」、「裡子」中選擇其一時，連院長只好選擇「裡子」——以低姿態、不曝光的方式到大馬，進行度假外交。

「雙趨衝突理論」也提到，被迫於「魚與熊掌」中選定一項後，可能會產生挫折感；但為了減少內心的挫折與焦慮，並維護自尊，人們就會自圓其說地「合理化」，說自己放棄的是「酸葡萄」，選擇的是「甜檸檬」。所以錢復說，我們「要裡子不要面子」；形式化的國際禮儀不重要，重要的是私下打高爾夫後的「實際效

「雙趨衝突」——妳要嫁窮小子，還是富老翁？

果」。

一位女同事為選擇老公而感到兩難與矛盾、傷透腦筋，因一位是相愛多年、年輕英俊、大學畢業、卻沒有錢的男友；另一位則是認識不久、長她十五歲、高中學歷、有些醜醜、卻很有錢的「賓士叔叔」。後來這位女同事決定，嫁給了富有的「賓士叔叔」。她自圓其說地解釋——「年紀大的男人比較穩重成熟、會疼老婆；年輕的帥哥嘛，雖然每天看都很舒服，但其他女人也都會喜歡帥哥啊！這太危險了，容易有外遇！況且年輕會氣盛、沒耐性，會常打老婆！」

❀

一家公司副理在選擇對象時也碰到「雙趨衝突」的困境，因為林姓女友家裡很有錢，吳小姐則比較窮，但兩人感情很好。後來經理鄭重其事地勸他，還是應以「感情」來考量比較重要。

「好吧，我決定和吳小姐結婚！」副理說。

「太好了，那你可不可以把林小姐介紹給我？」經理說。

小心「怒詞」給人的「相對剝奪感」

「你是大報記者，怎可亂寫？」

我們常在言談中，
不經意地拿他人做比較，
而使他人有被比下去的「相對剝奪感」；
因此，在人際溝通時，
不管是誇讚或批評他人，都應很小心，
以免使另一人覺得受到「差別待遇」，而心生不悅。

前中央銀行總裁謝森中曾對某報的錯誤報導大感震怒，而於面對記者時破口大罵該記者「亂寫新聞」。謝森中指著撰寫該則新聞的記者說：「其他亂七八糟的報紙亂寫就算了，你是大報，怎麼也亂寫？」

謝森中的怒詞雖讓「大報」記者啞口無言、抬不起頭，但卻也使「非大報」的記者感到十分「不是滋味」，因為聽起來好像是「小報記者就可以亂寫」。有些記者甚至說，謝森中得罪了所有「非大報」的媒體與記者。

事實上，謝森中「大報記者不能亂寫論」可能只是一時的氣話，並非真正意味「小報記者就可以亂寫」，但是「非大報」的記者們聽了卻很不舒服，因為他們心裡產生了「相對剝奪」（Relative Deprivation）的感覺。原本記者們的心裡期待著大家都有「同等待遇」，但是謝森中的一席氣話，使「非大報」的記者都被劃歸為「小報記者可以亂寫」的「差別待遇」，心中自然產生挫折和「相對歧視」的不平。

什麼？只有她身材最好、最會穿衣服？……

每個人對「滿足自我需求」都有主觀的期望，企盼得到公平對待；但當他發現對方的標準不一，而使自己的權利受損時，心中的「相對剝奪感」油然而生。

曾有一位男老師當面誇讚一女老師：「啊，妳今天穿的衣服真漂亮，妳是我們辦公室裡，身材最好、最會穿衣服的老師……」結果，話還沒說完，就招來其他女老師們的「白眼」與「怒目」。

假如一個母親對女兒說：「妳看隔壁小倩多聰明、多乖巧！」老師也說：「妳看妳姊姊成績多好，漂亮又聽話！」此時，女孩自然產生「相對剝奪」、「相對歧視」的感覺，甚至會產生敵意。所以，自從我知道「相對剝奪」的理論後，就不敢在任何女孩面前稱讚其他女人好看！

理念運用

言談中，小心自己不經意、無心的說詞，可能會給他人產生「相對剝奪感」。同時，也要記得，千萬不要在太太面前，說別的女人漂亮或可愛！

其實，我們常遇到「認知失調」……

你的內心有矛盾、有衝突嗎？

第一次約會後，我相信她一定會喜歡我，
一定很願意繼續和我交往；
可是，爾後給她四次電話，
她都說她很忙，沒有空出來吃飯。
我，不愉快，也很不高興；
我——遇到了「認知失調」。

多年前，海基會秘書長邱進益因海陸兩會發生權責衝突而萌生去意，並藉故請假一週。邱進益在銷假上班後表示，行政院長連戰與辜振甫董事長都勸勉他以國家為重，相忍為國，所以他將「勉為其難，再做做看」。

邱進益亦表示，兩會要和諧，雙方要相忍為國，就必須有一方讓步，當然民間機構必須要讓步，「總不能叫政府機關去讓吧！」因此邱進益說，他不再指責陸委會的聲明以偏概全，只有接受目前的定位方式。

邱進益從總統府副秘書長「連降三級」任海基會秘書長，原本以為可以在兩岸關係上好好發揮，沒想到陸委會與海基會之間竟像「父子關係」，所以產生「認知失調」（cognitive dissonance）；在極度失望灰心之餘，邱多次口頭表示辭意。

❁

「認知失調理論」指出，認知失調會導致個人的緊張與不愉快，也會做出某些行為，以求消除或減低失調的不平衡；因此邱進益請假一週，靜思深慮，來調整心中「失調的認知」。

社會心理學家費生吉指出，消除認知失調的方法，一是建立新的認知，一是修正或除去舊的認知。在連戰與辜振甫「相忍為國」的勸勉下，邱進益說出「民間機構必須讓步」與「接受目前定位方式」的「新認知」，而其「舊認知」已被迫做某種程度的修正。

另外，「人際互動理論」強調，每個人都會思考他人對自己的意義與重要性，進而評估他人的話，再做適當的回應；但只有「有意義的他人」講的話才是對自己有用的「刺激」，才會修正自我行為與言語表達，否則置之不理。

對邱進益而言，連戰與辜振甫是非常重要的「有意義的他人」，所以對他們「相忍為國」的曉以大義，邱做舊認知的修正，並以「勉為其難，再做做看」回應。

其實，認知失調後建立起來的「新認知」，可能因外在的壓力與內在的矛盾衝突「再度失調」；而「有意義的他人」講的話雖有刺激作用，但若與自我認知「落差太大」，無法忍受，則可能拂袖而去。以前財政部長王建煊不就是不接受郝柏村

院長的慰留，而堅決棄官？

不過，值得注意的是，「認知失調」並不一定是認知本身「有誤」，只是在某種時空情境下，原本的認知無法適用；而決定認知的「對與錯」者，往往是「擁有較多權力的人」。

理念運用

「失戀」亦是一種「認知失調」，但別灰心喪志，請建立「天涯何處無芳草」的新認知！

其實，人生中有無數的「認知失調」，但我們都必須學「轉念」，把「負面思緒」轉化成為「正面思緒」，切勿一直陷入認知失調、情緒不平衡的低潮中，必須建立新認知，勇敢站起來，迎向陽光。

第五篇

透視說話心理

——洞悉心理，展現魅力

「標籤」貼錯，真是難過！

「黑道夫人」為何盛怒揮拳？

一般人都不喜歡被人稱之為「女強人」、「膽小鬼」、「政客」、「娘娘腔」……等，因為這些都是「負面標籤」；若被烙印上「負面標籤」，則將使人感到生氣或惱怒！

多年前，國民大會臨時會因冒領選票事件而引發衝突，民進黨籍陳姓女國代「罵」國民黨籍的李姓女國代為「黑道的太太」，以致兩人大打出手，其他眾國代也陷入了一場混仗。

自認「被侮辱」的李姓國代在隔天的大會中憤怒地指出，「黑道夫人」這句話牽扯到她死去的丈夫，實在太過分，殊不知黑道也講義氣、重感情；她要求陳姓國代不要為了作秀而成為潑婦、瘋婆。最後，兩人在公開道歉過後才化解爭端。

為什麼李姓國代被指為「黑道的太太」時會如此盛怒？因為陳姓國代把「黑道夫人」的「無形標籤」當眾貼在李姓國代身上，所以大部分人可能會對李姓國代投以異樣的眼光；也就是腦海中所有對「黑道」的負面印象，如流氓、敲詐、勒索、戴墨鏡、咬檳榔、開ＢＭＷ……都可能投射到「黑道夫人」身上。因此，李姓國代深覺「受辱」，非得抓那女人的頭髮、打她耳光、捶她兩拳來出氣不可。

❋

所謂「標籤理論」是指一個人或團體被他人加諸「偏差的標籤」，造成正面或

負面的形象。例如，某人被指為「政客」，就有「投機取巧、不切實際」的印象；小孩被指為「放牛班的學生」，就有「笨頭笨腦、好玩、成績差、考不上大學」的印象。當一個人被貼上負面「標籤」時，就被「烙印化」諸多缺點，並可能遭到他人鄙視、貶抑、孤立、甚至處罰。因此，大部分人都不願意被烙印上令人憤怒的「負面標籤」；這也就是李姓國代為什麼要狠狠地揮繡拳的原因。

其實，若被貼上過於正面、難以消受的「標籤」，也是很痛苦的。前財政部長白培英的溫文儒雅與廉潔操守，被新聞界冠上「白聖人」的尊稱；但恐怕白部長吃飯如廁時亦感惶恐不安，覺得承擔不起，或許連耶穌也會嘟嘴抗議。

不過，也有很不錯的「正面標籤」；例如，趙少康被稱為「政治金童」、王建煊被稱為「小鋼炮」、林正杰被塑為「街頭小霸王」、朱高正被指為「台灣第一戰艦」……等，都頗受當事人與民眾認同。

說實在的，如果有人罵我是「黑道」，我絕不在意；但假如有人說我是「大帥哥」，我可就要翻臉打人了，簡直太侮辱人嘛！

謹言慎行，因為「禍從口出」！

談戀愛，千萬不要太猴急！

人常藉由「自我揭露」，
來交換彼此內心深處的祕密、情緒與價值觀。
然而，如果對初識者過度的自我揭露，
可能令對方感到「交淺言深」，
進而產生防衛之心，
甚至造成無謂的麻煩！

多年前，曾任桃園市農會第二屆理事長，年紀七十九歲的李藤老先生，曾被歹徒綁架失蹤。歹徒吳欽明向李家勒索一千萬元贖款，經過五天共十一次的交涉後，於取款時被警方當場逮捕，但是李老先生已被「撕票」，棄屍於荒郊野外。

嫌犯在落網後供稱，他是在桃園市區路口排班的計程車司機，李老先生偶爾搭他的計程車。有一天李藤在車上與他閒聊中很高興地談及，他最近領了一筆「一億多元」的土地補償費，於是吳嫌即夥同其弟弟及友人，共謀綁票勒贖的勾當。李老先生萬萬沒想到，他無意間向計程車司機「炫耀」一下「領了一億多元」的土地補償費，竟會招來殺身之禍。

古人說：「言多必失」、「禍從口出」；的確，李老先生未能「謹言」，顯示其「自我揭露」（Self-disclosure）的程度相當高，而引來歹徒的邪念。

❀

「自我揭露」程度高的人，往往迫不及待地與他人共享內心的「喜怒哀樂」，有時是「發洩情緒」或「自我澄清」，有時則是企圖告訴別人自己的心裡祕密，以

小心，自我揭露太多，會禍從口出哦！

博取對方的信任或同情，甚至換取對方相同程度的「自我揭露」，以示雙方「交情匪淺」。

基本上，一般人對配偶與親近的人所做的「自我揭露」程度，高過於普通朋友；而平均來說，女性與女性之間的「自我揭露」程度，高過於男性與男性之間的「自我揭露」程度，因為女性比男性更容易有親密的同性知己。

有人認為，「揭露愈多，報償愈大」，所以有些人守不住祕密，喜歡「傾訴、交心」，也傳遞著「我信任你」、「我把你當成知己」的訊息。但是，對不熟識的人或陌生人太早「自我揭露」，或是交淺言深，將引起對方的焦慮與防衛——「他為什麼告訴我那麼多？」「他是不是有什麼企圖？」而不當的「自我隱私揭露」，更有可能像李老先生一樣惹來殺身之禍的危險。

❀

「人際溝通」和「談戀愛」一樣，必須小心謹慎，慢慢地、斯文地揭露自己，不能太過於「猴急」，一下子把自己揭脫光光，否則不僅會把對方嚇跑，也會使自

己「感冒」。畢竟貿然地全盤傾吐心事給他人，或過度「自我揭露」，對雙方都將是一種「壓力」或「威脅」！

理念運用

您的「自我揭露」程度是否很高？與人言談時，過度的「自我揭露」，可能會招惹來無謂的麻煩；言多必失，不是嗎？

可是，適度的「自我揭露」，卻能拉近人與人之間的友情，讓雙方互相了解彼此，進而增進人際間的感情。

說「忌諱的話」務必小心

「博士博」與「凸兩凸」

在日常生活中，
我們常不敢提有關「性」和「生理」的字眼，
因為這些都是忌諱的話，
若隨便說出，常給人帶來「羞恥、難堪」的感覺。
其實，忌諱的話還有很多，
您可曾仔細思想過？

多年前報載，在台南縣長選舉中，民進黨提名人陳唐山的助選員林文定，曾在助講時稱陳唐山是「博士博」，而國民黨提名人黃秀孟女士則是「凸兩凸」。這項說詞立刻引起黃秀孟支持者的不滿，也引起婦女界的反彈，認為是對婦女的「性別歧視」，因此一定要陳唐山競選總部公開道歉，但是林文定則否認他曾說過「凸兩凸」的話。

語意學家指出，一個字有其「說明性含義」（Informative connotations）與「影響性含義」（Affective connotations），所以「豬」可以是說明性的解釋——一種動物，也可以是影響性含義的罵人之語。而「凸兩凸」若在其他地方使用，可能是指「兩個突出的東西」，但若被拿來形容婦女，則可能是影射人體胸部生理器官。

在日常生活當中，有些話是一種「禁忌」（taboo），不能夠隨便對他人說，尤其是有關「生理」的名詞。也因「凸兩凸」被認為影射到女性胸部，似有侮辱女性的味道，所以造成黃秀孟女士人馬的不滿。

民國七十四年，高雄縣長蔡明耀競選連任，聲勢凌駕余陳月瑛，但蔡明耀在茄萣鄉的政見會中，以「不要選給沒鳥的」來攻擊余陳月瑛，群情譁然，以致一夕間選情巨變，蔡明耀被婦女團體大肆聲討，而兵敗如山倒，最後因「鳥事」而告落選。

❁

似乎世界各國的文化都把「性」和「生理」的字眼，視為「禁忌」，所以健康教育老師不敢講人體生理器官的名稱；有關生理的書以及影片，也較少在大眾傳播媒體中出現。平常女性不提「月經」，而代以「生理期」、「好朋友」，其他生殖器官詞彙也不常被用來公開談論。部份心理學家認為，因為這些「忌諱的話」給人帶來「羞恥」、「難堪」而渾身不自在，好像被看透私處一般的感覺。

法國社會學家涂爾幹（Emile Durkheim）認為，「禁忌」的制定，可維持社會的和諧運轉，大家和平共處；但若有人違反了「禁忌」與無形的「規範」，就會破壞和諧，而受到譴責與制裁。因此，如果有人以「性」的字眼來影射他人，就會使人覺得低俗，也會被視為是冒犯和侮辱他人的行為。所以，「凸兩凸」的風波，

觸犯了「禁忌」，引起女性們的不悅與反彈。而多年後，外交部長陳唐山也說出了「LP」一語，觸用男性生殖器來形容別的國家，也引起一陣嘩然。

事實上，「忌諱的話」不僅侷限在生理與性，它包羅萬象地在我們生活周遭出現；當人「死」了，我們說「歸西」、「撒手人寰」、「蒙主寵召」、「仙逝」、「去極樂世界」……等等。

在中國社會，過年時不能講「死」的字眼，避免使人覺得不吉利，醫院也不用「四樓」。情人們不送「傘」，才不會「散」；不送「鐘」，才不致「送終」。受刑人出獄，不說「再見」，以免真的再於牢房見面。

大部份民族對於上廁所也視為「忌諱的話」，所以人們在公共場所不說要去「大小便」，而說「去洗個手」、「去化妝室」；美國人英語也說「休息室」，但若硬要問「去休息室幹嘛」，那就有點秀逗、阿達了。

✽

至於人的「身體」，大家也都有所保留，而不致於「太誠實」而傷到他人。當別

人個子矮小時，說他「短小精幹」、「嬌小玲瓏」，而不是「矮仔冬瓜」。當一個人的身材一下子脹了很多、胖了起來，就會說他「發福」、「豐腴」、「豐滿」、「好像當老闆了，很有派頭」，而不會說「你怎麼一下子，腫胖了這麼多？」

不說「忌諱的話」可算是「留口德」，所以看到「瘦竹竿」的女孩，有人會說她「很苗條」；大嘴巴的人是「嘴大吃四方」；禿頂的人嘛──『十個禿頭九個富』、「絕頂聰明」。若能將別人體態上的缺點，轉換成令人愉悅的「讚美之詞」，即是說話藝術，人人歡迎。

話說回來，「博士博」與「凸兩凸」有對稱、押韻，算是創意之作，但因「凸兩凸」影射到女性胸部，在我們社會中屬「忌諱的話」，所以引起女性的反彈。不過我課堂上一學生說，「凸兩凸」也可以說是對女性身材的讚美、恭維啊！如果沒有「凸兩凸」，豈不……。咦？這種說法好像也頗有道理。

所以，有些男人說：女人很奇怪，說她們「凸兩凸」，她們很不高興；說她們「沒有凸兩凸」，她們更不高興。唉，真是難為啊！

你相信別人的賭咒嗎？

絕子絕孫的嚴厲「賭咒」

「我若騙你，我就是小狗！」

「我若騙你，我的雞鴨死光光……」

「我若騙你，絕子絕孫！」

「我若騙你，出去會被車子撞死！」

為什麼人愛「發誓、賭咒」呢？

以前，國民黨十四全會中央委員選舉為各方所矚目，參選的黨代表四處拉票、送禮，深怕別人「跑票」而落選。

投票當天，國代王文正要求七十二位參選中委的國代一起賭咒，約定相互圈選，「絕不遺漏任何一位國大代表，如違誓詞，絕子絕孫。」

面對「絕子絕孫」的咒詞，有人面呈難色，有人猶豫不決而你看我、我看你，最後共有將近六十位國代簽署此一賭咒誓詞。

人們經常在「賭咒」，只是「咒詞」有別。小孩說：「我若騙你，我就是小狗。」隔壁阿婆說：「我如果騙你，我養的雞鴨就全部死光光。」還有人說，如果我騙你，「我的頭砍下來給你坐」、「我出去會被車撞死」、「我天打雷劈、不得好死」、「我天誅地滅」、「我下十八層地獄」……等等；而比較「有學問」的誓詞，則是——「若有違誓言，願接受法律最嚴厲的制裁。」

為什麼人不相信彼此的「口頭約定」，而寧願相信「賭咒」呢？因為在面對不可知的事物時，人似乎感到恐懼與不安，也對他人無憑無據的口語表達難以信任，

所以，需透過咒詞的「保證」，才能減低「不確定」（uncertainty），並增加安全感。

有趣的是，賭咒的咒詞「愈狠、愈毒，愈有人相信」。

當老王說「如果騙你，我王倒過來寫」，則連小孩都不願相信他。「我是小狗」、「我下輩子是豬」、「我家雞鴨全部死光光」……的咒詞，也不太會有人相信，因為咒詞與說者之間的「利害相關度」（Hedonic relevance）太小了。

但假如說「我會被車撞死、天打雷劈……」，則「利害相關度」就大大提高，相信咒詞的人可能就稍微增多。

❁

在賭咒中，「絕子絕孫」大概是最嚴厲、狠毒的咒詞，因不僅事涉己身，更禍延子孫、斷絕後代。以中國人「不孝有三，無後為大」的觀念，若要說出「絕子絕孫」的咒詞，恐怕需要相當大的誠實與勇氣。也有人說「如果騙你，我就會碰到空難，粉身碎骨！」這種說法顯然保險多了，少搭飛機就是嘛！哈！

「假如這些是假鈔的話，我就是豬！」

事實上，賭咒是一種「儀式行為」，人們藉著發誓的動作與嚴厲的咒詞來「坦白交心」；萬一違反誓詞，是否真會遭「報應」則不得而知。

不過，當人們在「集體賭咒」時，大夥兒會自然形成「規範」（norm），若不跟大家一起賭咒，可能被視為「歧異者」（deviant）而遭到他人的排斥、抵制。因此有些人會迫於形勢，不得不一起參加賭咒，而形成「統一陣線」的聯盟。

理念運用

或許我們可以想想，或仔細觀察，平常人際溝通時，是不是有哪些人常以發誓、賭咒，來獲得別人的相信？有些人似乎特別需要透過嚴厲的發誓、賭咒，才能增加其「可信度」。

然而，一個有「誠信」或「信用度」的人，說話常是一言九鼎，他們說話算話，絕不打折扣，所以不必透過發誓、賭咒，就能完全獲得別人的信任。

老闆，請避免「團體思考極化」

老闆喜歡「沒有聲音的人」？

有的老闆喜歡「沒有聲音的人」，該怎麼辦？
是不是就得默默做事、不出聲？
假如老闆用人理念——
是喜歡找「不善言詞、沒有聲音」的人，
則很可能使部屬的態度與觀念都「太相似」，
而陷入「團體思考極化」的危機。

前國民黨李登輝主席在會見縣市長提名候選人時強調，國民黨的候選人都是「不善言詞」、「默默做事」的人，就像當年他提名李元簇為副總統，最大原因是李元簇「沒有聲音」。李主席表示，國民黨的精神就是「不善言詞」，但卻是腳踏實地為民眾服務。

的確，許多老闆或主管都有「喜歡沒有聲音」的用人哲學，所以太多聲音和意見的人往往不被錄用，或淪為不被疼惜的「非主流」。

「內隱的人格理論」（Implicit Personality Theory）**指出，人常會根據他人的某種特質而推論他的其他特質**。例如：認為某人聰明，就推想他積極、靈巧；發現某人沉靜，就推測他孤僻、害羞；知道某人不善言詞、沒有聲音，就推斷他能默默做事。然而心理學者指出，有時這種對人的判斷會產生「邏輯誤差」，譬如「不善言詞、沒有聲音」的人，不一定就會有「會做事、有擔當」的能力與績效。

❈

從「人際吸引理論」來看，價值觀、態度與人格特質愈相近，彼此的吸引力愈

大，所以「相似性」是人際吸引的重要因素，亦即所謂「志同道合」、「物以類聚」。假如老闆本身不喜歡「太多話」，就可能常提拔「不善言詞」、「沒有聲音」的人來為他做事。

不過，如果團體中的夥計皆「不善言詞、沒有聲音」，則雖外表看來「很團結」，卻可能造成「團體思考極化」的危機。

社會心理學家珍尼斯（Irving Janis）發現，有時看似相當理性且有智慧的團體，會做出十分不智的決策，因其所有幕僚的思考模式「太相似」，決策者又不允許有其他「雜音」，以致缺少「諍言」與「黑臉」的制衡。珍尼斯指出，美國六〇年代「越戰失利」與「古巴之役慘敗」，即因智囊團「團體思考極化」，杜絕反對意見，犯下不該犯的錯誤，而釀成悲劇。

或許喜歡「不善言詞」是老闆深信不疑的用人理念，「沒有聲音」是老闆引以為豪的美德，但有時用些「能言善道」、「鏗鏘有聲」的屬下，才不會一不小心陷入「團體思考極化」，致使大夥兒都銷聲匿跡。

理念運用

我們是不是都只喜歡聽「好話」、「奉承的話」，而不喜歡聽「逆耳的忠言」？不過，必須小心，不要陷入「團體思考極化」的危機。

我們有時也可以聽一聽不同的意見，不同的思維；就像古時候，君王也必須聽一些「諫臣」的一些反對意見，接納不同的聲音，才不會因誤信「奸臣和小人」的話，而造成不可彌補的錯誤。

「月暈效果」的陷阱

漂亮的人比較聰明、可靠？

人們對外在美會產生「月暈效果」，
認為「美」就是「好」，
或認為漂亮的人較聰明、機伶、事業比較成功。
但實際上，外表的吸引力與人格、能力、操守……
不一定有必然的關係；
因此，對他人做判斷時，應避免「以貌取人」。

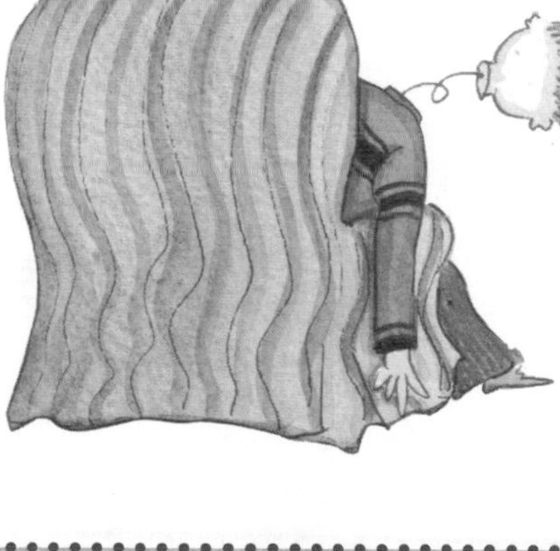

波蘭政府於一九九三年十一月三十日任命二十三歲的前波蘭小姐瓦裘維琪為發言人，成為全世界「最美麗的發言人」。

在她就任的首場記者會中，瓦裘維琪吸引了上百名文字和攝影記者，人人都爭相目睹她美麗多姿、巧笑倩兮的迷人風采；而她新官上任的新聞，更是透過國際通訊社而傳遍世界。

亞里斯多德說：「美麗比一封介紹信更有推薦力。」的確，人們常被美麗的臉龐、身材所吸引，因為每個人都喜歡看到或接近美好的人、事、物。所以，當波蘭小姐成為代表波蘭政府的發言人時，自然是眾人矚目的焦點。

❁

心理學家指出，人們對「外在美」會產生「月暈效果」（Halo-effect），**認為「美」就是「好」，或認為漂亮的人比較聰明、機伶、可靠，事業比較成功。**因此，有人說由「美人」擔任發言人，可以吸引全國民眾的「注意力」，同時也可以因她「漂亮的臉蛋」，而使民眾對其政府有較高的「容忍力」，甚至也會對政府做

較有利的「歸因」。

相反地，若任命一個「醜男」、「醜女」擔任政府發言人，且口齒不清，又肥肥腫腫地惹人厭，則雖有其智慧與內涵，民眾仍可能因「月暈作用」而對政府產生負面、不利的歸因與聯想。

當然，「人不可貌相」、「不能以貌取人」，但是人若無「令人愉悅的外表特質」，自然缺乏吸引他人的魅力。有些政府官員臉上少有笑容，說話又好像口中含著小滷蛋張不開或還沒吞下去，表情也諾諾不甘不願，一副昨天欠他兩百五十元的樣子，如此怎可能受到民眾的喜愛與認同？有同事說，每次在電視上看到這種官員的畫面，總是急得大叫：「遙控器呢？遙控器跑那裡去了？」

❁

其實，若發言人光有美麗的外表而無內涵，亦會招致非議與批評，就如波蘭小姐一樣，被譏為「只有漂亮臉孔、沒有半點經驗」。

不過，有一個女孩子說，假如「帥哥」和「醜哥」都會欺騙我的感情，那我寧

「天哪，這種人也是發言人，我輸給你了！」

願給「帥哥」騙，因為反正都是要被騙，如果被「醜哥」騙，那有「多虧」啊！嘿，您看，人還是滿喜歡美麗的皮肉面具，不是嗎？

理念運用

想想自己是不是常常「以貌取人」，或因自己的好惡而犯了「月暈作用」的毛病？小心，不要被「帥哥」的面具所騙哦！

事實上，每個人並不一定要「帥」或「美麗」，才會獲得別人的喜歡；一個人有自信、有才華，或經常抬頭挺胸、面帶微笑，都會大受別人歡迎。相反地，即使是「大帥哥」或「大美女」，常態度冷漠，沒有笑容，或是不懂主動幫助別人，那麼，「帥」和「美」的外表又有何用？

群眾情緒有如「細菌」，容易傳染……

「廖敏雄，我愛你！」

當一群人聚在一起，
由於「匿名性」的作用，
會使人做出一些獨自不敢做的行為；
例如在節目錄影時，大聲吼叫：「劉德華，我愛你」；
或在球場上瘋狂吶喊：
「黃平洋，你好帥」、「偶像、偶像……」。

在奧運棒球賽揮出勝利全壘打擊敗日本隊的廖敏雄，早已成為球迷心目中的英雄。職棒賽中，當廖敏雄出場打擊，一群女球迷一起瘋狂大喊：「廖敏雄，我愛你！」

俊國熊的年輕「打擊王」黃忠義，也是風靡球場的新人，當他站上打擊位置，也有迷死他的女球迷們不顧形象地齊喊：「黃忠義，我愛你！」

棒球場上捉對廝殺的兩隊拚得你死我活，場邊兩隊的忠實球迷也鑼鼓喧天，叫得喉嚨沙啞，活像個「口語傳播」戰場：

「林易增，盜！盜！盜！」球迷們激動的指揮「盜壘王」盜壘推進。

「林仲秋，全壘打！」三商虎的球迷吼叫期待著，但是敵隊的球迷不甘示弱地回應：「不可能，不可能！（台語）」「三振！三振！」

綽號「火車頭」的投手涂鴻欽站在投手板上，兩好三壞，準備投出關鍵球時，一群「恨」死他的球迷一起節奏性地喊著「火車撞壁、火車撞壁（台語）」。

當味全「金臂人」黃平洋投球時，兄弟象的球迷也給他一個綽號──「敗戰投

手」，來擾亂、打擊他的信心。

如果對裁判的判決不滿，球迷噓聲四起，也有大喊：「裁判加油」、「換裁判」；盛怒者，亦群起將空瓶、紙杯、鋁罐一起丟向球場內。

在士氣低迷時，場邊的球迷悲憤地唱著：「男兒當自強」、「勇士進行曲」，希望藉著歌曲來挽回頹勢，使心愛的球隊「有力可回天」。

其實，叫一個女球迷單獨向廖敏雄說「廖敏雄，我愛你」，她可能不敢；但是在同屬一隊的球迷區，「匿名性」卻使女球迷們產生一股「集體思想」與「集體傳播」的力量，而大聲說出「我愛你」。

❁

群眾與球迷都一樣，其情緒有如「細菌」，很容易傳染與擴散，所以球迷表現出他們獨自一人時所不會表現的行為，社會心理學者稱之為「社會傳染」。在球場邊大家一起喊「敗戰投手」、「火車撞壁」或「我愛你」，不再是個人行為，而是團體的口語傳播；因此，球迷會覺得不必對自我行為與言語負責，因為他們只是

「混雜」在群眾之中。這種「去個人化」（Deindividuation）的心理，使球迷們敢瘋狂地、放肆地、不顧形象地吼叫吶喊。

另外，「聚合理論」（Convergence Theory）指出，只有具有共同特質的人，才會在一起產生特殊的行為。正如喜歡「時報鷹」的球迷，會坐在一起；支持「統一獅」的球迷會坐一堆，一起加油、一起喊叫。

不過，「規範形成理論」亦強調，團體會形成其特有的規範（如口號、作），而要求其成員遵守；假如「不認同」或「不遵守」其規範，將遭到異樣眼光或制裁，並劃歸為「異類」。就曾有一男子去看棒球，人家喊「加油」，他說「漏油」；別人叫「全壘打」，他獨排眾議，堅持「三振」；人家為了漏接而哀聲嘆氣，他則哈哈大笑直喊「讚！讚！讚！」，結果被一群高頭大馬的球迷拉到旁邊，推打圍毆一頓。

顯然的，如果在球場上坐錯加油區、喊錯口號，就可能會在「敵軍」陣營中，

人人喊打、落荒而逃！

理念運用

在高速公路上，大家不敢開車走「路肩」，但一旦有人敢帶頭大膽開上路肩，則一大群車子就跟著車屁股一起走路肩——這也是「匿名性」造成大家「大膽」的行為，也可以說是一種「社會傳染」。

不過，因「匿名性」所造成的社會傳染，若只是大夥一起大喊大吼，叫一叫，那是一種集體發洩或集體崇拜，沒啥關係；但，假如其社會傳染，造成違法（如集體違反交通規則），那可能就得付出代價了！

高手作家戴晨志

讓你天天開心，洋溢喜樂的香水！

戴晨志作品2
定價◎250元

你是幽默高手嗎？

教你如何展現
幽默魅力

戴晨志作品3
定價◎250元

你是幽默高手嗎？②

教你展現幽默魅力，
透視說話心理

戴晨志作品6
定價◎250元

快樂高手

拋開憂悶偏見，
快樂泉源湧現！

戴晨志作品7
定價◎250元

男女溝通高手

轟轟烈烈談戀愛，
一定要懂得愛！

戴晨志作品9
定價◎230元

激勵高手

戰勝挫折，
讓夢想永不停航！

戴晨志作品10
定價◎230元

人際溝通高手

別忘天天累積
「人緣基金」哦！

戴晨志作品11
定價◎230元

激勵高手②

挑戰自我，
邁向巔峰！

戴晨志作品12
定價◎230元

成功高手座右銘

改變你一生的
「智慧語錄」

戴晨志作品①

你是說話高手嗎？

作者—戴晨志
主編—心岱
編輯—陳怡君
繪圖—江長芳
美術編輯—高鶴倫
執行企劃—何佩儒
校對—戴晨志、陳怡君
董事長
發行人—孫思照
總經理—莫昭平
總編輯—林馨琴
出版者—時報文化出版企業股份有限公司
10803台北市和平西路三段二四〇號三樓
發行專線—（〇二）二三〇六—六八四二
讀者服務專線—〇八〇〇—二三一—七〇五・（〇二）二三〇四—七一〇三
讀者服務傳真—（〇二）二三〇四—六八五八
郵撥—一九三四四七二四時報文化出版公司
信箱—台北郵政七九～九九信箱
時報悅讀網—http://www.readingtimes.com.tw
電子郵件信箱—ctliving@readingtimes.com.tw
法律顧問—理律法律事務所 陳長文律師、李念祖律師
印刷—詠豐印刷有限公司
初版一刷—一九九四年八月十五日
四版一刷—二〇〇六年六月二十一日
定價—二五〇元
⊙行政院新聞局局版北市業字第八〇號

國家圖書館出版品預行編目資料

你是說話高手嗎？戴晨志著. --
臺北市：時報文化, 2002[民91]
面； 公分. --（戴晨志作品；1）
ISBN 957-13-3672-6

192.32 91008917

ISBN 957-13-3672-6
Printed in Taiwan

讓**戴晨志**老師喜怒哀樂的作品，陪伴您一起歡笑、成長。
寄回本卡，您將可獲得戴老師的最新出版訊息。
◎編號：CL0001　書名：**你是說話高手嗎？**

姓名：

生日：　　　年　　　月　　　日　性別：□男　□女

學歷：□1.小學　□2.國中　□3.高中　□4.大專　□5.研究所（含以上）

職業：□1.學生　□2.公務（含軍警）　□3.家管　□4.服務　□5.金融
□6.製造　□7.資訊　□8.大眾傳播　□9.自由業　□10.退休
□11.其他

地址：□□□

E-Mail：

電話：（O）　　　（H）　　　（手機）

您是在何處購得本書：
□1.書店　□2.郵購　□3.網路　□4.書展　□5.贈閱　□6.其他

您是從何處得知本書訊息：
□1.書店　□2.報紙廣告　□3.報紙專欄　□4.網路資訊　□5.雜誌廣告
□6.電視節目　□7.廣播節目　□8.DM廣告傳單　□9.親友介紹
□10.書評　□11.其他

請寫下閱讀本書的心得、建議或想對戴老師說的話：

Master

高手作家 **戴晨志**

讓你天天開心，洋溢喜樂的香水！

請寄回這張服務卡（免貼郵票），您可以——

●隨時收到最新消息。

●參加專為您設計的各項回饋優惠活動。

地址：10803台北市和平西路三段240號3樓
讀者服務專線：0800-231-705•(02)2304-7103
讀者服務傳真：(02)2304-6858
郵撥：19344724-時報文化出版公司

時報出版

廣告回信
台北郵局登記證
台北廣字
第2218號

請沿虛線撕下裝訂，謝謝！

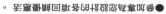